国家电网公司公文处理 107个常见问题解答

第二版

国家电网公司办公厅　编

中国电力出版社
CHINA ELECTRIC POWER PRESS

图书在版编目（CIP）数据

国家电网公司公文处理 107 个常见问题解答 / 国家电网公
司办公厅编. —2 版. —北京：中国电力出版社，2013.1
ISBN 978-7-5123-3992-7

Ⅰ. ①国… Ⅱ. ①国… Ⅲ. ①电力工业–工业企业–公
文–文件处理–中国–问题解答 Ⅳ. ①F426.61–44

中国版本图书馆 CIP 数据核字（2013）第 013999 号

中国电力出版社出版、发行

（北京市东城区北京站西街 19 号 100005 http://www.cepp.sgcc.com.cn）
北京博图彩色印刷有限公司印刷
各地新华书店经售
*
2011 年 9 月第一版
2013 年 3 月第二版 2013 年 3 月北京第五次印刷
710 毫米×980 毫米 16 开本 8.5 印张 103 千字
定价 **25.00** 元

本书编委会

主　任　刘广迎

副主任　余卫国

委　员　郭丁平　段光明　王昕伟　张　刚　赵　焱　孙福成

本书编写组

组　长　张立军

成　员　佟　纯　柏曦东　姬广鹏　杨　迪　韩嘉亮　孙建敏
　　　　范广璐　佘建新　张维建

序

国家电网公司总经理、党组书记　刘振亚

  在党中央、国务院的正确领导下，近年来，国家电网公司坚持以科学发展观为指导，从服务党和国家工作大局、建设"一强三优"现代公司的战略高度出发，大力加强坚强智能电网建设，积极实施"三集五大"体系改革，"两个转变"实现重大突破，公司的发展能力、创新能力、管理能力、服务能力得到进一步增强，各项工作取得了显著成效。

  公文是管理的基础工具。做好公文处理工作，既是夯实管理基础、规范工作流程的需要，又是推动公司发展方式转变的必然要求。公司办公厅历时一年多，组织编写的《国家电网公司公文处理107个常见问题解答》一书，从流程、规则等方面对公司公文处理中的常见问题进行了全面梳理，提出了针对性的解决措施，对于夯实公文工作基础，推动公司管理水平的持续提升具有重要意义。各单位要通过学好用好这本书，不断提升公文处理工作的标准化、规范化和精益化水平。

管理于细处见精，微处见大。深入推进"两个转变"，构建适应现代管理要求的集团运作模式、基本管控体系和日常工作机制，必须加强对每一项具体工作的研究。希望同志们进一步增强贯彻落实"四化"方针的自觉性和主动性，立足本职，继续发扬精益求精、永不懈怠的精神，切实把包括公文工作在内的每一项工作都做实、做精、做透，用扎实有效的业绩服务和助推公司又好又快发展。

二〇一一年七月十九日

相关名词说明

1. 公司系统：根据公文工作的实际需要，公司系统主要办文主体结构图绘制如下：

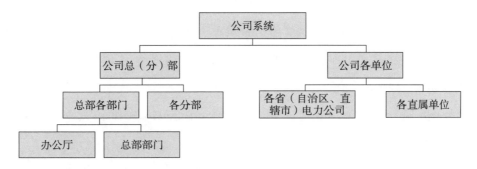

2. 公司：国家电网公司。

3. 总部各部门：国家电网公司总部所有部门，含办公厅及其他总部部门。

4. 办公厅：国家电网公司办公厅。

5. 总部部门：除办公厅外的国家电网公司总部部门。

6. 各分部：包括华北、华东、华中、东北、西北分部。

7. 公司各单位：包括各省（自治区、直辖市）电力公司、各直属单位。

8. 各单位办公室：公司各单位本部办公室。

9. 各单位部门：公司各单位本部部门。

10. 各分部、各单位所属单位：各分部及公司各单位所属各级单位。

11. 公文：公司系统各类公文，从性质上分，包括党的公文、行政公文、工会公文、团委公文等；从形式上分，包括文件式公文、信函式公文、便函式公文以及其他特殊形式的公文。

12. 发文：一般指文件式公文、信函式公文及便函式公文，也包括正式印发的办公通报、内部情况通报、纪要等，但不包括签报、简报、专报、内参、散件等内部文件。

13. 签报：内部专用公文，有编号，需领导签批，不用印。

14. 上下级单位：存在行政隶属或业务管辖关系的单位。

15. 上行文：下级单位对上级单位报送的公文。

16. 平行文：不存在行政隶属或业务管辖关系的单位之间往来的公文。

17. 下行文：上级单位向下级单位印发的公文。

18. 负责人/领导：党组（委）领导称为"党组（委）负责人"，行政领导称为"单位（部门）负责人"。"单位（部门）主要负责人/领导"即该单位（部门）的党/政一把手。

19. 国标：本书中除特殊说明外，指 GB/T 9704—2012《党政机关公文格式》。

20. 版心：根据国标，公文用纸（A4 纸）上、下、左、右应分别留白 37mm、35mm、28mm、26mm，留白部分不得印刷文字，其包围下的 156mm × 225mm 可印刷文字的中心区域称为版心。信函式公文版心大小同文件式公文，但位置略下移。

21. 字体：国家电网公司公文字体统一采用方正（GBK）字体。

22. 行：本书涉及版面设置中以"行"为间距计算单位时，1 行=3 号仿宋体字字高+7/8 3 号仿宋体字字高≈10.39mm。

目　录

序
相关名词说明

第一部分　发　文

第二部分　签　　报

第三部分 收　文

第四部分 附　录

第一部分

发　文

一、概述

"发文"部分主要介绍公文的拟制规则、办理程序及写作要求，按照公文实际办理流程解答各步骤常见问题，依次为："确定行文主体"（问题 1～22）→"联合发文"（问题 23～25）→"选择文种、形式"（问题 26～37）→"拟定文件标题"（问题 38～40）→"确定文件密级"（问题 41～47）→"确定紧急程度"（问题 48～50）→"起草公文"（问题 51～72）→"部门审核会签"（问题 73～74）→"办公厅（室）核稿编号"（问题 75～77）→"领导批阅签发"（问题 78～80）→"印制、用印、核发、归档"（问题 81～85）。

起草公文时，应首先明确行文主体、行文关系及公文拟表达的主要内容，并据此选择公文的形式、文种及标题。起草中，应严格遵循国家确定的公文字体、版式、标点符号及其他相关公文工作标准，并按照公文写作规则要求，力求文字精练、主题明确。

公文起草完毕，应履行必需的审核手续，需要会签的还应送相关部门会签。公文审核时，应从行文规则、文种格式、主旨内容、语言文字、标点符号等方面进行把关，确保公文格式正确、内容准确、表述严谨。

经会签、审核完毕的公文应交领导批阅、签发。如领导提出修改或其他阅批意见，应按照领导指示及时办理。

领导签发后的公文即可排版、印制、用印、核发。核发后，公文的阅办单、正本（即 ceb 版式文件）及定稿（即带有修改痕迹的 WPS 文件）由办文部门整理移交归档。带有密级的公文应按照保密规定处理。

二、发文办理流程

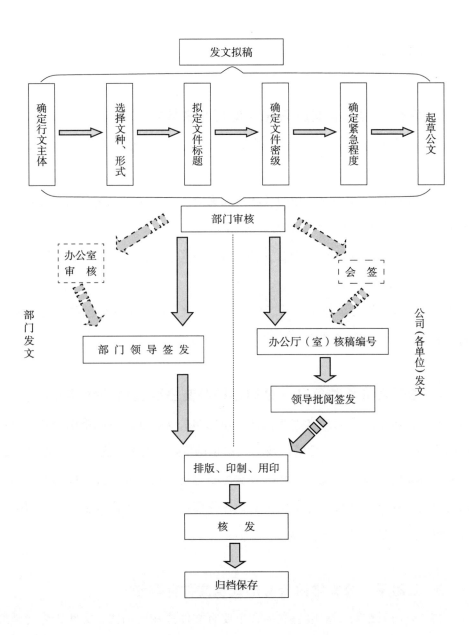

三、常见问题及解答

[确定行文主体]

1. 为什么起草公文应首先明确行文主体？

答：公文的行文主体指公文的发、收文单位，其中收文单位又分为主送单位及抄送单位。

发文单位即公文的制发单位（联合发文时多个发文单位又分为主办、协办单位），决定公文以何种名义和规格发出。

收文单位中的主送单位即公文的主要受理单位；抄送单位即除主送单位外需要执行或知晓公文的其他单位。

公文的发、收文单位决定其适用的公文种类、办理程序及行文规则。因此，明确公文行文主体是正确办理公文的前提和出发点。

2. 按照发文单位区分，公司系统公文主要包括哪些种类？

答：公司系统党的公文主要包括公司党组公文、驻公司纪检组公文、公司直属党委公文，各分部、各单位及所属单位的党组（委）公文、纪检组（纪委）公文、直属机关党委公文等。行政公文主要包括公司公文，办公厅公文，总部部门公文，各分部及公司各单位公文，各分部及公司各单位办公室、本部部门（内设处室）、所属单位公文等。

3. 公司系统公文常用公文形式及文种有哪些？

答：公司系统公文常用公文形式主要有文件式和信函式。文件式公文是最基本的公文形式，适用于所有常用文种，重要公文以及普发性公文应以文件式公文制发。信函式公文可视为对文件式公文的一种重要补充形式，主要用于上级单位对下级单位，或两个不相隶属的单位之间行文使用，但仅限于制发一般性且非普发性的公文，且不能适用"决定"等专用于重大事项的文种。

便函式公文是非正式的简易公文，按信函式公文格式排版、用印，但不编文号，主要用于临时性事务行文。

特殊公文形式如办公通报，主要用于公司总部印发公司领导主持会议的纪要；内部情况通报主要用于公司总部印发公司领导讲话。签报为内部呈批件或呈报件，主要用于各单位内部向本单位领导请示或报告工作。

常用公文文种主要有决定、命令（令）、通知、通报、报告、请示、批复、函、意见、纪要等 10 种。命令（令）仅限公司总部拟制并由公司主要领导签发。公司总部除《党组会议纪要》、《总经理办公会议纪要》外，一般不直接使用纪要文种，公司领导主持会议的纪要，以办公通报印发，其他会议的纪要使用部门公文以"印发×××纪要的通知"方式印发。

需要注意将"信函式公文"、"函"与公司协同办公系统中的"××函"（如"公司函"、"部门函"）等名词区分清楚。"信函式公文"指公文的一种常用形式，"函"指公文的文种，"信函式公文"可以适用"函"文种，也可适用"通知"、"通报"等其他文种；采用"函"文种的公文，实践中常使用"信函式公文"形式，所涉事项重大时也可使用"文件式公文"形式。公司协同办公系统里的"公司函"、"部门函"等名词，是"信函式公司公文"、"信函式部门公文"的简称。

4. 如何办理"公司党组公文"？

答：总部办公厅、人事部、政工部、监察局等有关部门以及各分部综合管理处办文人员可起草公司党组公文。

总部部门办文人员起草公司党组公文后，经本部门领导审核后，交办公厅编号、党组秘书复核，报公司党组负责人签发。

各分部综合管理处办文人员起草公司党组公文后，经分部党组负责人审核后，交办公厅编号、党组秘书复核，报公司党组负责人签发。

5. "公司党组公文"的行文要求是什么？

答："公司党组公文"在公司系统所有党的公文中规格最高，对内适用于就党的重大、全局性事项，向总部各部门党组织、各分部及公司各单位党组（委）行文；对外适用于就党的重大事项向上级党组织，以及与公司党组不相隶属的党组织行文。

对上级党组织行文，使用文件式公文，文种可采用请示、报告或意见。

对公司系统内下级党组织行文，使用文件式公文，文种可采用决定、通知、通报、批复或意见。

对与公司党组不相隶属的党组织行文，可酌情选择文件式或信函式公文，文种可采用函或意见。

6. 如何办理"驻公司纪检组公文"？

答：驻公司纪检组公文，一般以驻公司纪检组与公司监察局联合行文方式发文，驻公司纪检组、公司监察局的办文人员可起草驻公司纪检组公文。

办文人员起草驻公司纪检组公文，经监察局内部逐级审核，由监察局主要负责人复核后，再报驻公司纪检组组长签发。

7. "驻公司纪检组公文"的行文要求是什么？

答：对内适用于就党风廉政建设重大事项，向总部各部门党组织、各分部及公司各单位党组（委）、纪检组（纪委）行文，以及按上级要求转发中央纪委、国资委纪委等重要来文。对外适用于就党风廉政建设方面的重大事项，向中央纪委、国资委纪委等上级纪检组织行文。

对上级纪检组织行文，使用文件式公文，文种可采用请示、报告或意见。

对总部各部门党组织、各分部及公司各单位党组（委）、纪检组（纪委）行文，使用文件式公文，文种可采用决定、通知、通报、批复、意见等。

8. 如何办理"公司直属党委公文"？

答：公司总部政工部工作人员可以起草公司直属党委公文，由公司直属党委办公室审核、编号，报直属党委书记（或副书记）签发。

9. "公司直属党委公文"的行文要求是什么？

答：对内适用于就以下事项向公司总部及在京直属单位党组织行文：

（1）在京直属单位党组织换届选举、党组织负责人任免、委员增补等工作的批复；

（2）安排总部及在京直属单位开展主题活动、党员干部培训的通知等；

（3）安排总部及在京直属单位理论学习、形势任务教育的通知；

（4）总部和在京直属单位员工思想动态分析等方面的通知；

（5）加强总部及在京直属单位党建工作、精神文明建设等有关意见、通知等；

（6）加强总部建设的意见、通知等。

对外行文的主要对象为国资委党委，适用于就公司直属党委换届选举、直属党委书记及副书记任免、党的全国代表大会代表选举等事项向国资委党委请示或报告工作。

10. 如何办理"公司公文"？

答：总部各部门及各分部办文人员均可起草公司公文。

总部各部门办文人员起草公司公文后，经本处处长审核、本部门综合处审核及部门领导核签，再会签相关部门后，交办公厅文档处编号、复核，报公司领导签发。

各分部办文人员起草公司公文后，经本处处长审核、综合管理处审核、分部主要领导核签后，交办公厅文档处编号、复核，报公司领导签发。

文种为"命令（令）"的公司公文须由公司主要领导签发。

办公通报作为公司公文的特殊形式，总部各部门办文人员均可起草，由本部门综合处审核及部门领导核签，交办公厅总值班室编号、复核，报主持会议的公司领导签发。

内部情况通报作为公司公文的特殊形式，用于印发公司领导讲话。总部各部门办文人员均可起草内部情况通报（起草时应对领导讲话进行整理精简，篇幅原则上控制在3000字以内），由本部门综合处审核及部门领导核签，交研究室审核、办公厅综合处编号，报相关公司领导签发。公司主要领导在公司"两会"、年中工作会议等重要会议上的讲话，不以内部情况通报印发，应采用"通知"文种，以文件式公司公文印发。

11. "公司公文"的行文要求是什么？

答："公司公文"在公司系统所有行政公文中规格最高，对内适用于就公司重大、全局性事项，向总部各部门、各分部及公司各单位行文；对外适用于就重大事项向上级单位及其办公厅（室），以及与公司不相隶属的单位行文。

对上级单位及其办公厅（室）行文，使用文件式公文，文种可采用请示、报告或意见。严禁总部部门（分部）将公司公文径送国资委职能司局。

对公司系统内下级单位行文，原则上使用文件式公文，文种可采用决定、命令（令）、通知、通报、批复或意见。

对与公司不相隶属的单位行文，可酌情选择文件式或信函式公文，文种采用函或意见。

12. 如何办理"办公厅公文"？

答：总部各部门及各分部办文人员均可起草办公厅公文。

办公厅办文人员起草的办公厅公文称为"厅内文"（文件式公文）或"厅内函"（信函式公文），由本处处长审核、文档处复核后报办公厅主任签发。

总部部门及各分部办文人员起草的办公厅公文称为"厅外文"（文件式公文）或"厅外函"（信函式公文）。

总部部门办文人员起草办公厅公文后，经本处处长审核、本部门综合处审核及部门领导核签，再会签相关部门后，交办公厅综合处编号、复核（文档处代核），报办公厅分管主任核签，再呈公司领导签发。

各分部办文人员起草办公厅公文后，经本处处长审核、综合管理处审核、分部主要领导核签后，交办公厅综合处编号、复核（文档处代核），报办公厅分管主任核签，再呈公司领导签发。

13. "办公厅公文"的行文要求是什么？

答："办公厅公文"在行政公文中规格仅次于公司公文，对内适用于就公司较为重大的综合性事项，向总部各部门、各分部及公司各单位行文。对外适用于就较为重大的综合性事项，向上级单位办公厅（室）或与公司不相隶属的单位及其办公厅（室）行文。

对上级单位办公厅（室）行文，使用文件式公文，文种可采用请示、报告或意见。

对总部各部门、各分部、公司各单位行文，使用文件式或信函式公文，文种可根据需要选用通知、通报、批复或意见等。

对与公司不相隶属的单位及其办公厅（室）行文，可酌情选择文件式或信函式公文，文种采用函或意见。

14. 如何办理"总部部门公文"？

答：总部部门公文由相应的总部部门办文人员起草，经本处处长审核、本部门综合处核稿编号后，报本部门领导签发。公文涉及其他部门职权事项时，应会签相关部门。原则上部门间不联合行文。

15. "总部部门公文"的行文要求是什么？

答："总部部门公文"主要用于就部门职权范围内事项向各分部、公司各单位行文。总部部门之间原则上不得正式行文，可通过工作联系单、便函或使用协同办公系统中的"任务协作"功能等方式商洽工作。对总部事务具有专项管理职能的部门（如政工部、后勤部等），可就其管辖事务范围对其他总部部门行文。未经公司领导同意，总部部门不得以部门公文对重大事项印发指示（指令）性文件，不得要求收文单位转发其部门公文。

对各分部、公司各单位行文，可酌情选择文件式或信函式公文，文种采用通知、通报、批复或意见等。

对总部事务具有专项管理职能的部门，就其管辖事务向其他总部部门行文时，可酌情选择文件式或信函式公文，文种采用通知、通报或意见。非其管辖事务，不得行文。

没有公司领导参加的专业会议的纪要，由会议主办部门以总部部门公文印发，文种为通知，使用文件式公文。

总部部门公文不得用于对系统外单位行文。确有行文需要且事项不适于发公司公文或办公厅公文时，可发便函式公文。

16. 如何办理"分部公文"？

答：分部办文人员可起草"分部公文"，经本处处长审核、分部综合管理处核稿、编号，报分部领导签发。

17. "分部公文"的行文要求是什么？

答：分部公文适用于向总部各部门、各分部、公司各单位，以及分部内设处室、所属单位行文，不得对系统外单位行文。

对办公厅行文，使用文件式公文，文种采用请示、报告或意见。

对总部部门行文，可酌情选择文件式或信函式公文，文种采用请示、报告或意见。

对其他分部行文，可酌情选择文件式或信函式公文，文种采用函、纪要或意见。

对公司各单位行文，可酌情选择文件式或信函式公文，如所涉事项归分部管辖，文种采用通知、通报、批复、纪要或意见；如为商洽意见，文种使用函、纪要或意见。

18. 如何办理"公司各单位公文"？

答："公司各单位公文"由各单位本部办文人员起草，经部门负责人审核及本单位办公室核稿编号后，报本单位领导签发。

19. "公司各单位公文"的行文要求是什么？

答："公司各单位公文"对内适用于向国家电网公司、总部各部门、各分部、公司各单位，以及本单位本部部门、下属单位行文。对外适用于就本单位相关业务向地方政府、企（事）业单位等行文。

对国家电网公司、办公厅及总部部门行文时，使用文件式公文，文种采用请示、报告或意见。

对各分部行文时，可酌情选择文件式或信函式公文，如所涉事项归相关分部管辖，文种使用请示、报告或意见；如为商洽意见，文种采用函、纪要或意见。

对公司各单位行文时，可酌情选择文件式或信函式公文，文种采用函、纪要或意见。

对本单位本部部门、下属单位行文时，可酌情选择文件式或信函式公文，文种采用决定、通知、通报、批复、纪要或意见。

对系统外单位行文时，可酌情选择文件式或信函式公文，如主送单位对所涉事项有业务管辖权限，文种采用请示、报告或意见；如主送单位对所涉事项不存在业务管辖权限，文种采用函、纪要或意见。

20. 公司其他各类公文如何办理？

答：其他各类公文，如公司工会公文、团委公文，各分部及公司各单位党组公文、纪检组（纪委）公文、直属机关党委公文、工会公文、团委公文，各分部及公司各单位办公室公文、本部部门公文、下属单位各类公文等，由相关部门、单位按照《国家电网公司公文处理办法》（国家电网办〔2012〕1000号）确定的原则和要求办理。

21. 公文如何正确选择主送单位？

答："主送单位"即公文的主要受理单位。主送单位的选择应遵循以下原则：

（1）权责归属原则。主送单位应对公文所涉事项具有主管职责或权限。当公文事项同时涉及若干单位时：

1）若其中某一单位为事项主要受理单位，则将其作为主送单位，其余作为抄送单位。

2）若各单位无法分出主次，可并列为主送单位，并将各单位名称（全称或规范简称）按规定次序逐一列明。

3）主送单位较多时，可使用"公司各单位"、"各直属单位"之类的规范统称。

（2）逐级行文原则。对于上行文和下行文，主送单位应为发文单位的直接上级单位和直接下级单位，不得越级行文。《国务院办公厅关于进一步规范公文报送工作有关事项的通知》（国办函〔2009〕15号）规定，中央企业向国务院报送公文即属越级行文，应该报送其直接上级单位国资委。特殊情况下，比如发生重大突发事件，逐级行文可能延误时机，可越级行文上报情况、请求指示时，应将公文同时抄送被越过的直接上级。同理，特殊情况下，上级单位也可以越过直属下级单位向其基层单位直接行文发布命令，同样应抄送被越过的直属下级单位。

（3）不得违规原则。确定主送单位时应遵守收文单位的相关公文管理规定，不得向收文单位领导个人（领导明确要求报送个人的除外）或不具备收文权限的部门行文。例如，国资委《关于规范中央企业公文报送及办理有关工作的通知》（国资厅发〔2006〕9号）明文规定，中央企业对其行文，主送单位必须是"国资委"或"国资委办公厅"，严禁直接报送国资委下属职能司局。对于不能确定对方单位相关规定的，行文前应询问核实。

（4）灵活处理原则。在不违反公司及收文单位公文管理规定的前提下，如对方有明确的相关行文要求，可按对方要求灵活确定"主送单位"。比如公司对全国人大代表有关建议行文回复时，由于全国人大常委会办公厅明确要求以建议代表作为主送单位，则"主送单位"就是具体的人大代表个人。

22. 公文如何正确选择抄送单位？

答："抄送单位"即除主送单位外需要执行或知晓公文的其他单位，实践操作中应注意以下问题：

（1）文件所涉事项受两个及以上上级单位管辖时，如能在管辖权限上分出主次，则可分列为主送单位和抄送单位，以同一文件报出；如无法分出主次，出于对上级单位的尊重，实践中建议分别作为主送单位独立行文。

（2）上行文不得抄送下级单位。

（3）特殊情况下的越级行文，应抄送被越过的上级或下级单位。

（4）上级单位向受多重领导的下级单位行文时，必要时应抄送其他上级单位。

（5）有其他部门会签的公文，公文制发完毕后，一般通过协同办公系统内部分发给会签的部门，不将其作为抄送单位。若会签的部门需以该公文作为办事依据的，则可根据实际需要将其列为抄送单位。

（6）不得越级抄送，例如公司各单位行文，不得越级抄送国资委等公司上级领导单位。

（7）联合发文时，联合发文的单位不作为抄送单位。

[联合发文]

23. 什么是联合发文？

答：当公文内容涉及其他单位职能事项，或公文所涉事项需多个单位形成共同意见，或多个单位需在同一公文中就某一事项达成同一目的时，可以多单位联合发文。联合发文的单位应平级或不相隶属，存在行政管辖关系的上下级单位不得联合发文。同一单位的不同部门原则上不联合发文，一般采取一个部门拟文、其他部门会签或提升发文规格的方式办理。

联合发文的单位原则上应该规格对等。例如公司可与中央部委、各省（自治区、直辖市）人民政府联合发文，但不与各部委、政府下属司局联合发文（确需与之联合发文的，可以公司办公厅名义办理）。

24. 办理联合发文有哪些流程要点？

答：（1）多个单位联合发文时，应首先协商确定一个主办单位，其余均为协办单位。各单位排序，主办单位居首；协办单位若为同一系统内单位，按照规定顺序排序，若为不同系统单位，按照行政级别或涉事重要程度排序。

同一单位，有时会以单位党组（委）与行政单位两个名义进行党政联合发文（例如国家电网公司党组与国家电网公司联合发文），一般以党组（委）作为主办单位，行政单位作为协办单位，编党组（委）文号，由党组（委）负责人签发。

（2）公文由主办单位拟稿并报单位领导审签，再送协办单位会签。会签一般使用文件原件，确有困难时也可使用复印件或传真件等。协办单位对公文有修改意见的，应告知主办单位，经双方协商一致后，协办单位领导签发文稿。所有协办单位会签完毕后，文稿返至主办单位，由主办单位领导正式签发公文。

（3）联合发文只编主办单位的发文字号。

（4）联合发文为上行文时，应将主办及协办单位签发人姓名都予以标注。

25. 联合发文有哪些特殊格式要求？

答：联合发文与普通公文的阅办单格式不同，此外公文格式要素中的发文单位标志、签发人、发文单位署名、成文日期、印章等要求也有区别。

（1）阅办单抬头应列出所有联合发文单位名称，主办单位居首。除列出主办单位流转审核信息外，阅办单还应为其他联合发文单位留出会签及签发的空间。

（2）发文机关标志。可同时标注联合发文单位的名称（按照发文单位排序从上往下逐行排列，首行文字上边缘距版心上边缘为 35mm），也可只标注主办单位名称（格式同普通公文要求）。

（3）签发人。办理联合发文的上行文时，公文版头应标注所有联合发文单位的签发人姓名，按照发文单位排序编排，可多行编排，首行于发文单位标志下第三行开始标注，每行可排两个，两个姓名之间空一字，第二个签发人姓名最后一字距版心右边缘空一字。回行时，下一行的签发人姓名应与位置相应的上一行签发人姓名对齐（如两字姓名与三字姓名对应时，可在两字姓名中加一字空格，如姓名为三字以上，可根据情况酌情调整字间距，以美观大方为宜）。

（4）发文单位署名、成文日期及印章。联合发文的成文日期编排要求与普通公文相同（见本书问题 53）。所有联合发文单位均应在成文日期上一行署名，使用全称或规范化简称。署名按照发文单位排序从左至右编排，可回行，每行最多排 3 个单位署名（根据需要也可排 2 个单位署名，以排布均匀美观为宜），最后一个单位署名与成文日期居中对齐。每个单位署名均应加盖对应的单位印章，印章纵向中心线应与署名中心线对齐，最后一个印章用印方式同普通公文（见本书问题 53），首行印章的上边缘距公文正文（如有附件，则为附件说明）最后一行的间距应在一行以内，各个印章上下、左右均不得相切或相交。

公文的发文单位署名、成文日期及印章应该与公文正文（如有附件，则为附件说明）处于同一页，联合发文时，如联合发文单位数量较多，通过调整正文行距及字间距等仍然无法达到上述要求的，可另起一页，于该页首行顶格标注"（此页无正文）" ❶，于此页标注发文单位署名、成文日期并用印。

---

❶ "此页无正文"原禁止标注，2012 版新国标取消了此项规定，并明确允许在特殊情况下依此处理。

附：联合发文格式模板示例

1. 联合发文阅办单模板示例

国 家 电 网 公 司
××省人民政府　　　　　　　　**发文阅办单**
××集 团 公 司

国家电网公司签发：	××省人民政府签发：	××集团公司签发：	核签意见：
			主办部门：
			审　核：
			综合处核稿：
国家电网公司核签：	××省人民政府会签：	××集团公司会签：	本处室审核：
			发文字号：
			拟稿人：　　　　　电话：
			密级：　　　　　缓急：
			公司核稿：
标　题：			
主　送：			
抄　送：			
附　件：			
内部分发：			

2. 联合发文公文模板示例

国家电网公司文件

签发人：×××　××

国家电网办〔20××〕　号　　　　　　　×　×

国家电网公司　××省人民政府　××集团公司
关于×××的请示

×××：

　　×××××××××××××××××××××××××××××
××××××××××××××××××××××××××××××
××××××××××××××××××××××××××××××
××××××××××××××××××××××××××××××
××××××××××××××××××××××××××××××
××××××××××××××××××××××××××××××
××××××××××××××××××××××××××××××
××××××××××××××××××××××××××××××
××××××××××××××××××××××××××××××
××××××××××××××××××××××××××××××

××××××××。（正文）

以上妥否，特此请示。

    （用印）   （用印）   （用印）

国家电网公司   ××省   ××

                人民政府   集团公司

                         20××年 月 日

（联系人： ，联系电话： ）

抄送：×××、×××，×××，×××。

国家电网公司办公厅   20××年 月 日印发

[选择文种、形式]

26. 如何正确选择公文文种和公文形式？

答：公文文种主要由行文关系决定，公文形式主要由公文内容决定。

（1）公文文种选择。按行文关系，常用文种可分为上行文种（报告、请示）、下行文种（决定、命令、通知、通报、批复）、平行文种（函）、纪要（可适用平行文及下行文）、意见（可适用所有行文关系）五大类。发文单位选择文种时应注意以下问题：

1）发文单位行政隶属于主送单位，或公文所涉事项由主送单位业务主管时，公文应采用上行文种或意见。

2）发文单位为主送单位上级，或主送单位相关业务归发文单位主管时，主送单位为发文单位的"下级单位"，公文应采用下行文种、纪要或意见。

3）主送单位与发文单位不存在行政管辖或业务主管关系，公文应采用函、纪要或意见。

4）"命令（令）"为特殊文种，仅限于国家电网公司总部使用，由国家电网公司主要领导签发，采用专用公文形式，公司系统各单位、部门均不得制发。❶

5）"决定"、"意见"仅适用于就重大事项行文。

6）"批复"为回复性文种，只能在收到下级单位的"请示"后，才能对来文单位发文"批复"。

（2）公文形式选择。发文单位选择公文形式时应注意以下问题：

1）普发性公文应采用文件式公文。

2）非普发性公文，重大事项应采用文件式公文，一般、日常性事项可采用信函式公文，临时性事项可采用便函式公文，故"决定"、"意见"等涉事较

---

❶ 按照国家规定的公文原则，中央企业不得制发命令（令），公司仅在极其特殊的情况下才开此例外。

为重大的文种一般均以文件式公文印发，不适用信函式公文及便函式公文。

3）信函式公文主要用于对平级、下级或不相隶属的单位行文，对上级单位行文原则上不得使用信函式公文。如各分部、公司各单位对国家电网公司及国家电网公司办公厅、总部部门行文即不得采用信函式公文，国家电网公司对国资委及国资委办公厅行文亦循此例。

4）文件式公文、信函式公文均为正式公文，需严格遵守行文规则。便函式公文属非正式公文，仅限于就临时性事项进行简易的行文沟通，在行文规则方面较为自由，如按照行文规则，总部部门不得对系统外单位正式行文，但可就临时性事项以便函式公文直接对外行文。

5）办公通报、内部情况通报目前主要在公司总部制发，各分部及公司各单位可自行决定是否纳入本单位发文形式。非公司领导主持的会议的纪要，以总部部门公文制发，采用文件式公文，文种使用"通知"。除公司领导的讲话外，其他讲话原则上可不发；确需印发的，以总部部门公文印发。

6）签报为处理内部事务的公文形式，仅限在本单位机关内部流转，严禁对外流出，公司各单位不得向公司总部直接报送本单位签报，也不得将本单位签报印发给所属下级单位。

27．常用上行文种（报告、请示）的适用范围是什么？

答：（1）报告。适用于向上级单位汇报工作、反映情况、答复上级单位的询问、上报有关材料等。

（2）请示。适用于向上级单位请求就某事项给予指示或批准。需要以"请示"发文的事项主要有：

1）事项超出本单位职责权限，按规定应请求上级单位批准的。

2）遇到新情况、新问题，需要上级单位指示如何解决、处理的。

3）因工作较为复杂，或涉及不相隶属单位，请求上级单位批转或转发所制的文件的。

4）对上级单位有关政策、规定中未明确的问题，以及工作中遇到难以把握和确认的问题，请求上级单位予以指导或明示的。

28. 常用上行文种（报告、请示）的用法如何区别？

答："报告"只是向上级单位反映情况、提供信息，以上级单位知晓为目的，无需上级单位批复，上级单位阅后可不回复，属于阅件；"请示"则需要上级单位明确批复，属于办件。实际工作中可以"是否需要批复"作为选择采用"报告"或"请示"文种的标准。此外，"请示"应严格限定一文一事。

29. 常用下行文种（决定、通知、通报、批复）的适用范围是什么？

答：（1）决定。主要适用于三种情况：

1）对重大事项或重大行动作出决策和安排。

2）奖惩有关单位或人员。

3）变更或撤销下级单位不适当的决定事项。

（2）通知。主要适用于五种情况：

1）传达要求下级单位办理和需要有关单位周知或执行的事项。

2）部署安排工作。

3）任免和聘用干部。

4）批转、转发和印发文件❶。

---

❶ 批转：指批准和转发，即上级单位批准或同意下级单位的公文并予以转发。通常是下级单位提出的政策、措施和意见，需要上级单位批准后方能贯彻执行的，上级单位同意并认为有必要转发有关单位贯彻执行时，使用批转的形式，例如，《国务院批转国资委关于××××××意见的通知》。

转发：指对非本单位制发的公文，需本单位及所属单位贯彻或遵照执行的，以转发的形式行文。转发公文不受单位级别限制，不仅可以转发上级单位的公文，也可转发不相隶属单位的公文。在转发公文时，可结合实际提出贯彻意见。

印发：指对不能单独行文的规定、办法、计划及领导讲话等，以印发的形式行文。

5）转达上级指示。

（3）通报。主要适用于两种情况：

1）传达重要信息（例如重要精神、重大情况等）。

2）表彰先进，批评错误。

（4）批复。适用于答复下级单位的请示事项。

常用下行文种适用范围详见表1。

表1　常用下行文种适用范围详解表

	安排部署工作			宣布奖惩		传达信息		人事任免	撤销（变更）下级不当决定	转达上级指示	批转/转发/印发文件
	重大	一般	答复请示	重大	一般	执行事务	知晓情况				
决定	√			√					√		
通知		√				√		√		√	√
通报					√		√				
批复			√								

30. 常用下行文种（决定、通知、通报、批复）的用法如何区别？

答：（1）"通报"与"通知"。二者都具有传达信息的功能，其区别在于，"通知"侧重事务性和执行性，一般所涉事项都较为具体，大多要求收文单位对文件精神、要求予以贯彻执行，具有一定的约束力，其适用范围大于通报；而"通报"侧重信息性和知晓性，着眼于传达重要精神和情况，一般起到引导、警戒、启发、教育和沟通的作用。例如，同样传达中央某项重大决策，如以"通报"文种印发，则公文侧重对中央决策精神的分析解读，贯彻落实要求则相对简略；如以"通知"文种印发，则公文除传达中央决策精神外，更必须提出具体、详细的贯彻落实措施及要求。

（2）"决定"与"通报"。二者都具有宣布奖惩的功能，实践中较为重大的嘉奖或处分使用"决定"，而一般性的表彰和批评使用"通报"。例如，对公司级劳动模范的表彰，一般采用"决定"文种，而对具体某个专业工作的先进集体、先进个人的表彰，则一般采用"通报"文种。

（3）"决定"与"通知"、"批复"。三者都具有向下级单位作出工作决策部署的功能。实践中，"决定"用于重大事项或重大行动，一般性的工作安排使用"通知"，"批复"则仅限于对下级单位来文请示的事项进行答复安排。

31. 常用平行文种（函）的适用范围是什么？

答："函"所涉事项较为广泛，商洽工作、通报情况、征询意见、询问或答复问题、请求批准和答复审批事项等均可使用。

32."命令（令）"的适用范围是什么？

答："命令（令）"仅限于公司总部办文人员起草，由公司主要领导签发，发送对象为总部各部门、各分部及公司各单位，在所有公司公文中具有最高的权威性，仅限对特别重大的事项进行工作部署或对相关人员、单位予以嘉奖。

33."纪要"的适用范围是什么？

答："纪要"适用于记载会议主要情况和议定事项。公司系统内，纪要可以作为特定格式文种直接印发，也可以作为公文附件，以"通知"文种印发。

公司党组会、总经理办公会，由党组秘书负责会议记录和纪要整理工作，《党组会议纪要》、《总经理办公会议纪要》经办公厅主任审核后，报会议主持人审定，由党组书记、总经理签发。

除《党组会议纪要》、《总经理办公会议纪要》外，总部其他会议不直接印发纪要。由公司领导主持的会议的纪要，以办公通报印发；此外其他各种会议的纪要，一律用总部部门公文以"通知"形式印发。公司各单位可自行决定纪要的印发方式。

34."意见"的适用范围是什么?

答:"意见"适用于对重大问题提出见解,对重要事项提出解决办法,以及对征询意见的来文进行答复。"意见"适用于上行文、下行文和平行文。

作为上行文,应按请示性公文的程序和要求办理。上级单位应当对下级单位报送的"意见"作出处理或给予答复。

作为下行文,文中对贯彻执行有明确要求的,下级单位应遵照执行;无明确要求的,下级单位可参照执行。

作为平行文,提出的意见供对方参考。

35. 回复行文时,应如何正确选择文种?

答:对于来文的回复,一般原则是根据来文文种及内容要求选择适当的回复文种。比如下级单位来文是"请示",则回复应为"批复";上级单位来文征询意见,则回复应为"意见";上级单位来文要求报送相关材料,则回复应为"报告";不相隶属的单位来"函"商洽事务,则回复亦应为"函"。

实践中需正确处理下列特殊情况:

(1)存在文种错误的来文。如下级单位用"函"文种向上级单位请示工作,对此类文件,上级单位应责成下级单位改为"请示"文种重报,不得姑息迁就以"函"回复,而应根据其正确来文,采用"批复"文种回复。

(2)非正式文件的来文。在一些特殊情况下,来文单位会以非正式的便函或邮件(有印章,无文号)行文,并要求对相关事项予以回复。对于此类文件,如所涉事项确实无需正式行文的,可同样以非正式文件回复;如所涉事项较为重要,应以正式文件回复;对于特别重大的事项,不仅要以正式文件回复,条件允许的情况下,应与来文单位协商,要求对方以正式文件重新来文。

(3)有特殊要求的来文。此种情况多见于上级单位来文,有时会对发文单位的回复文件的文种、主送单位、行文格式等做出明确要求,多数情况下,即使其相关要求存在一定的特殊性，亦应按照上级单位的要求回复。例如全国人大常委会办公厅来文要求公司对有关人大代表提案进行回复，来文中明确指定了主送单位为某几位人大代表个人，并限定了回复文件的文种及格式模板，公司就必须严格按照其要求发文回复。

对于一些特殊情况，如来文单位的回复要求与其自身或公司公文管理规定相抵触时，则应谨慎沟通，并按照相关公文管理规定回复。例如国资委下属某些司局有时会直接对总部部门行函，并要求总部部门限时直接函复来文司局，但国资委明文规定央企不得直接对其下属司局行文，此种情况下，相关总部部门应以公司公文或办公厅公文对国资委或国资委办公厅进行回复，并电话与来文司局沟通相关情况。如果所涉事项为一般性事务无须以正式文件回复，有时也可以部门非正式便函（盖部门印章，不编文号）向来文司局直接回复。

（4）非下级单位的上行文来文。此种情况多见于一些发电企业用"请示"向公司行文请求入网，而公司与其确无行政管辖或业务主管关系，故对此类"请示"一般都以"函"回复，而不使用"批复"。

36. 对难以确认行文关系的单位行文时，应如何选择文种？

答：此种情况多见于对一些临时设置的机构行文，例如中央为促进新疆发展而成立新疆工作办公室，对于此种机构，应先判断其行政级别，再据此明确行文关系。按惯例，国家电网公司对部级以上的领导负责的临时机构，应按照对上级单位行文规则发文。公司各单位应参照此例自行制定相关规则。

37. 公司的公文行文规则中有哪些禁止性规定？

答：（1）凡党和国家的法律、法规已有明确规定的，不得再制发文件。凡现行文件规定仍然适用的，不得再发文。

（2）除党政联合行文等特殊情况外，原则上不得党、政交叉行文。

（3）除领导直接交办事项外，不得以本单位名义向领导个人报送公文，不得以个人名义向单位报送公文。

（4）除上级单位或领导有明确指示外，原则上禁止转发上级公文。确需转发的文件，应严格按照来文标注的印发传达范围转发。

（5）下级单位报来的请示事项，如需以本单位名义向上级单位请示，应当提出倾向性意见，不得原文转报。

（6）总部部门公文、分部公文以及公司各单位的部门公文均不得对系统外单位行文。国调中心、各调控分中心等具有特殊职能的部门，就专项业务事项向发电企业印发部门公文时，允许例外。

（7）未经本单位批准，部门不得以部门文件向下级单位发布指示（令）性公文，不得要求下级单位转发其所发公文。

（8）公文不得越级主送相关单位。特殊情况下确需越级主送的，应抄送被越过的单位。

（9）公文不得越级抄送相关单位。上行文不得抄送下级单位。

（10）同一单位的部门之间，一般不相互行文，可通过工作联系单或协同办公系统中"任务协作"模块等方式商洽工作。

（11）上下级单位不得联合行文。同一单位内的不同部门原则上不联合行文。

[拟定文件标题]

38. 如何拟写公文标题？

答：公文标题由"发文单位+事由+文种"构成，标准模式如下：

<u>国家电网公司</u>　　<u>关于开展×××工作的</u>　　<u>通知</u>

（发文单位）　　　　（事由）　　　　（文种）

公文标题拟写应注意以下要点：

（1）标题三要件缺一不可。

"发文单位"可使用单位全称或规范化简称，与公文的发文单位标志、发文单位署名、印章相符。三个及三个以下单位联合发文时，应列出所有发文单位的名称，四个及以上单位联合行文时，可以采用排列首位的发文单位名称加"等"的方式。

"事由"部分应保持语义、逻辑的完整、清晰，必要的谓语词（如"报送"、"开展"、"加强"、"核准"等）不得省略。

"文种"部分应按照《国家电网公司公文处理办法》（国家电网办〔2012〕1000号）规定的文种词填写，有时根据行文需要，也可在文种词前加修饰词语，如"复函"、"紧急通知"等（但不得出现两个名词并列生造的文种词，如"情况报告"、"项目请示"等）。个别情况下，上级单位对标题拟写有特殊要求的，应按照上级单位要求办理，如全国人大、全国政协明确要求两会建议、提案的答复文件标题文种词为"答复"，虽不符合规范要求，亦应按照其要求拟写标题。

（2）转发公文时，转发文件的标题一般按照"发文单位+转发+被转发文件标题+的通知"模式编写，如《国家电网公司转发国资委关于进一步加强国有企业经营管理的意见的通知》。

被转发文件文种为通知的，省略被转发文件标题的文种词"通知"，例如国资委印发《国资委关于加强春节期间值班工作的通知》，国家电网公司转发此文时，标题应拟为《国家电网公司转发国资委关于加强春节期间值班工作的通知》。

被转发文件为多重转发文件时，标题可省略中间转发流程，直接写明转发文件所涉事项，无需完整引用所有转发单位名称。例如全国人大常委会办公厅就某事项对国务院办公厅行文，国务院办公厅将此文转发给国资委，国资委再将此文转发给国家电网公司，最后公司需将此文转发给公司各单位，标题可拟为《国家电网公司转发关于×××的通知》，也可仅保留最初的拟稿单位或最后的转发单位，如《国家电网公司转发全国人大常委会办公厅关于×××的通知》或《国家电网公司转发国资委关于×××的通知》。

被转发文件为多个单位的联合发文时，标题可将其发文单位名称简写为"×××（主办单位名称）等单位"，如国资委（主办单位）、发展改革委、财政部、水利部、能源局等五部委联合印发某文，需以公司文件转发，则标题可拟为《国家电网公司转发国资委等五部委关于×××的通知》。

39. 公文标题中标点符号的使用有哪些规定？

答：公文标题中一般不使用标点符号，特殊情况下可使用引号、括号、书名号、顿号及破折号。

（1）引号，用于标题中出现的缩略语或有特定含义的词语，如"三个代表""两个转变"等。

（2）括号，用于标题中的解释说明性文字（如"征求意见稿""试行""暂行"等），如《国家电网公司关于征求对×××（征求意见稿）相关意见的函》。如解释说明的对象带有引号或书名号，说明性文字应置于引号或书名号之内，如《国家电网公司关于印发〈×××办法（试行）〉的通知》。

（3）书名号，用于标题中出现的正规出版物名称，以及法律法规、规章制度名称。对于公司内部制定的规范性文件，凡经公司党组会、总经理办公会、规章制度委员会审批通过的办法、规定、制度、规则、细则，以及各类公司标准，均视为公司规章制度，可使用书名号。

（4）顿号，用于分隔公文标题中多个并列名词。标题"发文单位"部分如有多个发文单位名称并列时，除顿号外，也可以空格分隔。"事由"部分只能使用顿号。

（5）破折号，用于标示标题中的补充说明性文字。

40. 国资委对公司上报公文标题有哪些特殊规定？

答：根据国资委办公厅要求，公司向国资委报送涉及一些特殊事项的公文时，必须采用以下固定标题：

《国家电网公司关于上报20××年度工资总额预算执行情况的请示》

《国家电网公司关于上报20××年度工资总额预算方案的请示》

《国家电网公司关于上报20××年度预算报告的请示》

《国家电网公司关于上报20××年度财务决算报告的请示》

《国家电网公司关于申报20××年度国有资本经济预算支出计划的报告》

《国家电网公司关于20××年度国有资本经营决算的报告》

《国家电网公司关于20××年度国有资本经营预算资金到账情况的报告》

《国家电网公司关于20××年度国有资本经营预算自评价情况的报告》

[确定文件密级]

41. 涉密公文的涉密类型及密级应如何确定？

答：涉密文件分为国家秘密和企业秘密两类，其中企业秘密又包括商业秘密和工作秘密。

为公司公文定密应遵照公司保密委员会的相关规定执行。公司各单位需将某一公文确定为国家秘密时，应视情况征询所在地保密主管部门意见。

对于回复性发文，一般采取"密来密往、密级等同"原则，即对于密件来文，必须以密件回复，且密级与来文相同。

如公文带有附件，正文或附件两者任一涉密，文件都应定为密件，密级同涉密部分密级。两者都涉密且密级不相同的，文件密级应按两者中的最高密级确定。

42. 国家秘密的密级及保密期限有何规定?

答:国家秘密关系到国家的安全和利益,分为绝密、机密和秘密 3 级。其保密期限,除有特殊规定外,绝密级不超过 30 年,机密级不超过 20 年,秘密级不超过 10 年,具体时间由拟稿部门在此范围内自行确定(期限在 1 年及 1 年以上的,以年计;在 1 年以内的,以月计)。根据《中华人民共和国保守国家秘密法》,如文件保密期限确需超出前述规定的,应上报有关中央国家机关批准。

43. 涉及国家秘密的公文处理有何特殊要求?

答:(1)拟稿。国家秘密文件,应在专用保密机上起草,协同办公系统中只写文件标题用以完成编号等必要流程,不得出现正文。严禁在公司内网机和外网机上起草涉及国家秘密的文件。涉密文件建议勿以信函式公文行文。

(2)流转。国家秘密文件必须以纸质文件、使用保密文件夹进行流转。

(3)排版打印。国家秘密文件在领导签发纸质文件后,由拟稿人使用保密 U 盘将文件电子稿拷贝至排版用保密机,完成文稿的排版、校对及打印。所有文件应在文件首页左上角编号,并制作发文清单(列清公文标题、发文字号、公文份数序号、发放范围、签收人等),以存档备查。

(4)用印。国家秘密文件应手工用印。

(5)分发。国家秘密文件不得联网分发,只能通过政府文件交换站、机要邮局、普通密码传真系统(只限于发送机密级和秘密级文件)或来人领取 4 种方式发送。发送涉密文件,信封上应列出封内文件编号,加盖密级标识章并粘贴机要文件条形码。绝密文件应使用专用的绝密信封并加贴密封条。

44. 商业秘密的密级及保密期限有何规定?

答:商业秘密指为公司所有、且不为公众所知悉,具有实际或潜在的商业价值的技术信息和经营信息。

商业秘密分为核心商密、普通商密❶，其密级及保密期限由拟稿部门按照公司保密委员会的相关规定自行确定。

45. 涉及商业秘密的公文如何流转？

答：涉及商业秘密的公文可在公司内网协同办公系统中起草并流转，可以使用公司配发的办公 U 盘拷贝，储存于"保密区"（公司"办公 U 盘"不是"保密 U 盘"，其"保密区"只能用于存储企业秘密，不可保存国家秘密，可存储国家秘密的"保密 U 盘"由政府保密部门认证配发）。已部署并启用新一代公文安全传输系统的单位，商密文件可通过该系统联网分发。未部署启用的单位，商密文件应以纸质文件，采取机要邮局、普通密码传真、专人送达等方式发送，不得通过 EMS 邮件、快递公司等方式发送商密文件。

46. 工作秘密的密级、保密期限及公文流转有哪些要求？

答：工作秘密指除公司商业秘密之外的，泄露后会给公司工作造成被动或损害的内部事项，一般标注为"内部事项"（主要适用于文件）或"内部资料"（主要适用于简报、内参等），其保密期限由拟稿部门按照公司保密委员会的相关规定自行确定。

涉及工作秘密的公文流转要求与商业秘密相同。

47. 涉密公文有哪些标注要求？

答：涉及国家秘密的公文，应同时标注份号、密级及保密期限。涉及企业秘密的公文，应标注密级及保密期限。

---

❶《国家电网公司公文处理办法》（国家电网办〔2012〕1000 号）颁布之后，公司保密委员会对商业秘密的密级名称进行了修订，公文处理中以公司保密委员会的相关规定为准。

一、涉及国家秘密的公文

（一）份号

份号，即公文印制份数的顺序号。涉国家秘密的公文必须编制份号。非涉及国家秘密的公文，如发文单位认为确有必要，也可编制份号。

印发公文时，份号不得出现重复。发文单位在发文和收文单位在收文时，均应对份号进行登记，形成准确的台账记录，准确掌握公文的印制份数、分发范围及分发对象。

在公文首页版心左上角第一行顶格标注份号，原则上应编 6 位阿拉伯数字（如"000001"），字体为 3 号黑体字。在实际操作中，也可编 3 位阿拉伯数字（如"001"），可在公文文档中编制并直接印制，也可在印制好的公文上使用印号机手工加盖份号。

（二）密级及保密期限

涉及国家秘密的公文，应在公文首页左上角第二行顶格标注密级及保密期限，字体为 3 号黑体字，保密期限中的数字使用阿拉伯数字，中间用"★"间隔，如"机密★3 年"。如公文保密期限与国家规定最长期限（绝密级 30 年、机密级 20 年、秘密级 10 年）一致的，保密期限可省略不标。

公文如完整标注密级及保密期限，则所有标注的文字、数字、符号之间均不空格。如果仅标注密级，省略保密期限的，密级（绝密、机密、秘密）两字之间空一字间距。

二、涉及企业秘密的公文

（一）份号

涉及企业秘密的公文，一般不编份号。如发文单位认为确有必要编制并标注份号的，可按照涉及国家秘密公文相关要求执行。

（二）密级及保密期限

企业秘密的密级（核心商密、普通商密、内部事项、内部资料）及保密期限，使用 3 号黑体字，保密期限中的数字使用阿拉伯数字，中间用"·"间隔，如"普通商密·2 年"。如公文保密期限与公司规定的保密期限一致，保密期限可省略不标。

涉及企业秘密的公文，如编制并标注份号，则密级及保密期限在公文首页左上角第二行顶格标注，如无份号，则于左上角第一行顶格标注。无论保密期限是否省略，密级及保密期限所标注的文字、数字、符号之间均不空格。

[确定紧急程度]

48. 公文的紧急程度该如何设定及标注？

答：需要紧急办理的公文，应根据公文送达和办理的时限要求标注紧急程度，分为"特急"和"加急"。公文标注"特急"，表示应在 3 个工作日内办毕；标注"加急"，表示应在 5 个工作日内办毕。如紧急公文中有明确办理时限的，应以要求时限为准。

公文的紧急程度（特急、加急）使用 3 号黑体字标注，其标注方式分为以下几种情况：

（1）涉密公文，需要编制并标注份号的，公文首页左上角第一行开始依次逐行顶格标注份号、密级及保密期限、紧急程度。其中，如果保密期限需完整标注的，则紧急程度两字之间不空格；如保密期限省略不标的，则紧急程度两字之间空一字间距。

（2）非涉密公文，需编制并标注份号的，则份号于公文首页左上角第一行顶格标注，紧急程度于左上角第二行顶格标注，两字之间空一字间距。

（3）非涉密公文，不需要编制并标注份号的，则紧急程度于公文首页左上角第一行顶格标注，两字之间空一字间距。

49. 国务院和国资委对报送紧急请示件有哪些专项规定？

答：国务院和国资委针对报送紧急请示件的时限都作了专门规定。实践中，送交国资委的紧急请示件，按照国资委的相关规定执行；送交国务院下属其他部委、机构的，以及特殊情况下直接报送国务院的紧急请示件，按照国务院有关规定执行。

（1）国务院关于紧急请示件的规定。国务院在《国务院办公厅关于进一步规范公文报送工作有关事项的通知》（国办函〔2009〕15号）中规定："实事求是地标注公文缓急程度。根据工作需要，自公文送达之日起，需国务院14个工作日内批复的，标注为'急件'；需7个工作日内批复的，标注为'特急件'，特别紧急事项应注明时限要求。通过机要交换渠道或电子公文传输系统报送的紧急公文，要同时在信封上或系统内标注与公文一致的缓急程度。"

（2）国资委关于紧急请示件的规定。国资委在《关于规范中央企业公文报送及办理有关工作的通知》（国资厅发〔2006〕9号）中规定："向国资委报送'请示'，应给国资委留出研究决策的时间，一般事项不得少于两周，紧急事项不得少于7个工作日。特别紧急的事项，需要在7个工作日内批复的，除突发事件或领导同志另有交代的以外，应在'请示'中说明紧急原因，并予以标明，同时注明联系人及电话，以便联系沟通。"

50. 信函式公文的份号、密级及保密期限、紧急程度应如何标注？

答：信函式公文的份号、密级及保密期限、紧急程度，应在公文首页第一条红色双线（上粗下细，旧称"武文线"）左下方相距3号字字高的7/8处，依次逐行顶格标注，字体、标注方式等要求同文件式公文。

[起草公文]

51. 公文的格式要素包括哪些内容？

答：公文的格式要素主要包括版头（旧称"眉首"）、主体、版记、页码四大部分，其中版头、主体、版记位于版心内，页码位于版心外。

版头，即公文首页红色分隔线（含，旧称"红色反线"）以上的部分，包含份号、密级及保密期限、紧急程度、发文单位标志（旧称"发文机关标识"）、发文字号、签发人、红色分隔线等7个要素。

主体，即公文首页红色分隔线（不含）以下、末页首条分隔线（不含）以上的部分，包括标题、主送单位、正文、附件说明、发文单位署名、成文日期、印章、附注、附件等9个要素。

版记，即公文末页首条分隔线（含）以下、末条分隔线（含）以上的部分，包括分隔线、抄送单位、印发机关和印发日期等3个要素。特殊情况下主送单位过多导致公文首页无法显示正文时，主送单位由主体部分移至版记部分标注。

页码，位于版心下边缘之下，单页码标注于右下角，双页码标注于左下角。

52. 公文版头部分的格式要素有哪些要求？

答：公文版头部分的格式要素要求，分为上行文格式和平（下）行文格式两种情况，下面将按照各要素在版面中的位置从上到下逐一说明。

一、上行文格式

（一）份号

见本书问题47。

（二）密级及保密期限

见本书问题47。

（三）紧急程度

见本书问题 48。

（四）发文单位标志

由发文单位全称或者规范化简称加"文件"二字组成，居中排布，文字上边缘距版心上边缘为 35mm。国家电网公司发文的发文单位标志使用初号红色小标宋体字，公司系统各单位公文的发文单位标志字号按照不大于初号字的原则自行确定。

联合行文时发文机关标志编排要求见本书问题 25。

（五）发文字号

发文字号于发文单位标志下第三行居左空一字标注，由发文单位代字、年份及发文顺序号组成，标准模板如下：

国家电网办　　　〔2012〕　　　1000 号
发文单位代字　　　年份　　　发文顺序号

发文单位代字使用 3 号仿宋体字，年份及发文顺序号使用阿拉伯数字，年份括号使用六角括号"〔〕"。发文字号中，年份使用四位年代号，不可仅简写后两位年份数；发文顺序号前不加"第"字，顺序号不编虚位（即"1"不编为"01"），数字后加"号"字。

联合发文时，如签发人姓名数量较多需多行排布时，发文字号应与最后一个签发人姓名标注于同一行。

（六）签发人

签发人于发文单位标志下第三行居右空一字标注，由"签发人"三字及签发人姓名组成，中间以全角冒号隔开。"签发人"三字使用 3 号仿宋体字，签发人姓名使用 3 号楷体字。

联合发文时签发人标注要求详见本书问题 25。

（七）红色分隔线

居中标注于发文字号下 4mm 处，红色，与版心等宽，粗细由发文机关在 0.35mm～0.5mm 之间酌情设定。

二、平（下）行文格式

（一）份号

同上行文格式。

（二）密级及保密期限

同上行文格式。

（三）紧急程度

同上行文格式。

（四）发文单位标志

同上行文格式。

（五）发文字号

于发文机关标志下第三行居中排布，其余要求同上行文格式。

（六）签发人

不标注。

（七）红色分隔线

同上行文格式。

53. 公文主体部分的格式要素有哪些要求？

答：按照版面从上到下的顺序，公文主体部分格式要素要求如下：

一、标题

使用 2 号小标宋体字，于版头红色分隔线下第三行居中编排。标题较长时，可多行编排，应排列成梯形或菱形，回行时不能将含义完整的词组分割切断。标题过长导致行数过多，使得公文首页无法显示正文时，可将标题行上移，与版头红色分隔线之间可只空一行或不空行。其他要求参见本书问题38～40。

二、主送单位

使用 3 号仿宋体字，于标题下第二行居左顶格标注（多行排布时，顶格回行），在最后一个主送单位名称后跟全角冒号。

主送单位名称可使用主送单位全称、规范化简称以及规范化统称，不得使用"各有关部门"、"各相关单位"等语义模糊的不规范统称。公司总部各部门、各分部、各单位的全称、规范化简称及规范化统称由公司办公厅以正式文件发布及修订。

上行文原则上只能有一个主送单位。平（下）行文可以同时主送多个主送单位，如主送单位有规定排序，依照规定排序编排；如主送单位无规定排序，则按照涉事重要程度进行排序。各个主送单位名称间，同一类型（体系、层级等）的用顿号分隔，不同类型（体系、层级等）的用逗号分隔。

主送单位名称过多导致公文首页无法显示正文时，应将主送单位移至版记标注。

三、正文

使用 3 号仿宋体字，于主送单位下一行居左空二字编排，回行顶格，每段段首居左空二字。公文首页必须显示正文。

正文的结构层次，一般不超过四层，层级序数依次按照"一、"、"（一）"、"1."、"（1）"标注，其中第一层使用黑体字，第二层使用楷体字，第三层和第四层使用仿宋体字。当公文结构层次只有两层时，第二层序号可使用"（一）"或"1."。实践中，如果层级序号后有独立的标题行，则标题行按照前述规定的字体编排，并且标题行最后不跟句号；如果层级序号后直接跟该层级的大段正文，无独立标题行，则可不按前述要求对字体进行调整。

四、附件说明❶

公文有附件时，应在正文下第二行居左空二字标注附件说明，标注方式为"附件：附件顺序号+附件名称"，其中"附件"、"附件名称"使用 3 号仿宋体字，"冒号"为全角冒号，"附件顺序号"为阿拉伯数字加圆点（如"1."），仅有一个附件则不标附件顺序号。"附件名称"后不加标点。

"附件名称"字数较多需要换行时，第二行首字应与上一行首字对齐。

如附件为正式公文，则"附件名称"处应标注公文标题及公文的发文字号（公文字号用圆括号括入），公文标题不加书名号。

如公文的附件不与正文一同发送，"附件名称"后应用圆括号标注"（另送）"或"（另发）"。

五、发文单位署名、成文日期、印章

公文应当标注发文单位署名及成文日期，并用印（国标规定公文也可不用印，但出于公文防伪考虑，公司系统所有文件式、信函式及便函式公文应一律用印）。

发文单位署名应使用发文单位全称或规范化简称。成文日期即公文的会议通过或领导签发的日期，按照"××××年×月×日"拟写，数字使用阿拉伯数字，年份使用四位数字，月份、日期数字不写虚数（即"1 月 3 日"不写为"01 月 03 日"）。印章使用发文单位印章。公文的发文单位标志、标题里发文单位名称、发文单位署名及所用印章必须相符❷。发文单位署名及成文日期中的汉字使用 3 号仿宋体字。

---

❶ 公司协同办公系统中，拟稿人员将公文附件上传至协同办公系统时，系统会根据上传附件文档的顺序以及文档名称自动生成公文的"附件说明"，这里需要特别注意两个问题：a. 同一附件的内容需以一个完整文档上传，如分开多个文档上传，系统会将每个上传文档都默认为一个独立附件，造成附件说明与附件实际内容不符；b. 系统默认的"附件名称"为上传的文档文件名，而非文件内容里的实际标题，如两者不一致时，会造成附件说明中的附件名称与附件实际标题内容不符。

❷ "命令（令）"应当加盖签发人签名章。特殊文种如"纪要"，特殊公文形式如"办公通报"、"内部情况通报"，不加盖印章。

发文单位与成文日期于正文（如有附件，则为附件说明）的右下方标注。成文日期右空四字编排，发文单位署名在成文日期上一行标注，与成文日期居中对齐（如发文单位署名过长，可分行编排）。公文印章应居中压发文单位署名及成文日期，同时保证印章的下边缘套成文日期，以及上边缘距公文正文（如有附件，则为附件说明）最后一行的间距在一行以内。可根据印章大小对发文单位署名及成文日期的标注位置进行灵活调整。

发文单位署名、成文日期及印章必须与公文正文（附件说明）处于同一页面，无法同页时，应通过调整正文行间距、字间距等解决。

会议通过的决议、决定等公文，成文日期可在公文标题之下标注，写全年、月、日并用圆括号"（）"括起。

联合发文的发文单位署名、成文日期及印章的相关要求，见本书问题25。

六、附注

使用3号仿宋体字，居左空二字标注于成文日期下一行。

上行文应在附注处注明联系人及联系方式（公司协同办公系统自动生成为拟稿人及拟稿人电话）。

下行文应在附注处注明印发传达范围（公司协同办公系统提供的基础选项仅供参考，拟稿人可根据需要自定印发传达范围）。

附注应尽量与发文单位署名、成文日期及印章标注于同一页。无法标注于同一页时，应通过调整正文行间距、字间距等加以解决。

七、附件

（一）附件随正文一起印发

附件应在附件说明、发文单位署名、成文日期、印章及附注所在页之后另页编排。公文如有多个附件，应按照"附件说明"标注的顺序逐次编排各个附件，每个附件均在前一附件末页后另页编排。

每个附件首页均应于版心左上角第一行顶格标注"附件+附件顺序号"（如

"附件1"），"附件"二字为3号黑体字，附件顺序号为阿拉伯数字（如只有一个附件，则不标注附件顺序号）。附件顺序号后不跟任何标点符号。附件如有标题，应在首页第三行居中标注，使用2号小标宋体字。附件正文应按照公文正文格式要求进行编排。

实际操作中，如附件为表格、图片，或其他有特殊格式要求的特殊文本，则可不按上述要求编排。

（二）附件另发

附件不与正文一起装订，需要另发的，除在附件说明处标注"另发"或"另送"外，还应在单独发送的附件首页左上角首行顶格标注"所属公文文号+附件+附件顺序号（如有）"，如"国家电网办〔2012〕1000号附件3"，使用3号黑体字，"文号"、"附件"、"附件顺序号"之间无空格，"附件顺序号"后无任何标点符号。

54. 公文版记及页码有哪些格式要求？

答：版记在版心内，是公文终结的标志，标注于公文印制的末页。页码属于版心外的格式要素，是公文页数顺序号。

版记应标注于公文印制的最末页。页码应从公文首页开始，到所有附件结束最末页，顺排页码❶。在实际操作中，如公文采取侧订方式，则版记必须出现在最末的偶数页上；如公文采取骑马装订，则版记必须出现在最末的4的倍数页上；如公文内容较短，首页即完结，则不论首页有多少剩余空间，版记均应标注于背面第2页。如：公文正文及附件内容到第9页结束，若采用侧订，则版记标注于第10页；若采用骑马订，则版记标注于第12页，允许出现空白夹页以及无实体内容（正文或附件）的版记页，此时页码仅编至公

---

❶ 如附件本身为自带目录页码的文字材料，编排时应无视其原有页码，通过屏蔽、调整版面等手段，按照要求与公文正文顺编页码。附件另发时，附件单独另编页码。

文实体内容所在的最后一页（即第 9 页），空白夹页和无实体内容的版记页不编页码。

一、版记

版记一般包括分隔线、抄送单位（如有）、印发机关和印发日期等格式要素，特殊情况下主送单位也可移至版记标注，翻印文件时还需标注翻印机关和翻印日期。

（一）分隔线

分隔线与版心同宽。版记末条分隔线与末页版心下边缘重合，首条分隔线位于版记第一个格式要素之上。如版记需标注抄送单位（主送单位），则在抄送单位（主送单位）与印发机关及印发日期之间加一条分隔线。特殊情况下需在版记同时标注主送单位、抄送单位时，主送单位与抄送单位之间不加分隔线。

版记首、末两条分隔线用粗线（0.35mm），中间的分隔线（如有）用细线（0.25mm）。

（二）抄送单位（主送单位）

公文如有抄送单位，在印发机关和印发日期上一行标注，使用 4 号仿宋体字，居左空一字标注"抄送"二字，后跟全角冒号，后按顺序标注抄送单位名称，每行最后一字与版心右边缘空一字间隔。如需回行，回行时与冒号后首个单位名称首字对齐。各个抄送单位名称间，同一类型（体系、层级等）的用顿号分隔，不同类型（体系、层级等）的用逗号分隔，最后一个抄送单位名称后加句号。

特殊情况下需将主送单位转移至版记标注时，如同时需标注抄送单位，则主送单位在抄送单位上一行标注；如无需标注抄送单位，则主送单位在印发机关和印发日期上一行标注。主送单位的标注方式、字体字号等要求均与抄送单位相同。

（三）印发机关和印发日期

印发机关指公文的印制主管部门，一般为发文单位的办公厅（室）或文秘部门；发文单位没有专门文秘部门的，发文单位即为印发机关。印发日期即为公文的送印日期。

印发机关和印发日期编排于末页最后一行、版记末条分隔线之上，使用4号仿宋体字。印发机关名称左空一字标注；印发日期右空一字标注，按照"××××年×月×日印发"拟写，数字使用阿拉伯数字，年份使用四位数字，月份、日期数字不写虚数（即"1月3日"不写为"01月03日"）。

（四）翻印机关和翻印日期

翻印文件时，应标注翻印机关和翻印日期，标注位置在印发机关和印发日期下方，翻印日期按照"××××年×月×日翻印"拟写，其他各项格式要求均与印发机关和印发日期相同。

二、页码

编排于公文版心下边缘之下，单页码居右空一字，双页码居左空一字，使用4号半角宋体阿拉伯数字，左右各放一条一字线，一字线长度为一个半角空格，一字线距版心下边缘7mm。

公文中出现表格页时，无论其横排或竖排，页码标注位置均与其他页面一致。

55. 命令（令）有哪些特定格式要求？

答：命令（令）的特定格式要求如下：

（一）版头

命令（令）的版头由发文单位标志、发文字号（令号）两个格式要素构成，无份号、密级及保密期限、紧急程度、签发人、红色分隔线等要素。

1. 发文单位标志

使用"发文单位全称+命令"或"发文单位全称+令"，公司制发命令（令）时，发文单位标志即"国家电网公司令"。使用红色小标宋体，字体由发文单位自行决定,以美观大方为宜。发文单位标志上边缘距版心上边缘20mm,居中排布。

2. 发文字号(令号)

命令(令)的发文字号即令号,按照"第×号"编写,使用3号仿宋体字,数字使用阿拉伯数字,不编虚号。令号于发文单位标志下第三行居中标注。

(二)主体

命令(令)的主体由标题、正文、签发人职务、签名章、成文日期等5个要素构成,无主送单位、附件说明、发文单位署名、印章、附注、附件等要素。

1. 标题

命令(令)一般无标题。

2. 正文

令号下第三行排布,文字编排要求等与普通公文相同。

3. 签发人职务、签名章、成文日期

正文下第三行右空四字加盖签发人签名章,签名章左空二字编排签发人职务,签发人职务所处行高对应签名章上下居中位置。签名章下第二行右空四字标注成文日期。其他字体、数字等格式要求同普通公文。

(三)版记

命令(令)无版记。

(四)页码

同普通公文编排要求。

56. 纪要有哪些特定格式要求?

答:因不同单位、不同性质的会议情况各不相同,国标未对纪要的特定格式做出强制性规定，各单位可根据实际需要，参照地方党委、政府纪要格式，自行确定本单位纪要式样。

需要注意的是，纪要不加盖印章。

57. 信函式公文、便函式公文的格式有哪些特殊要求？

答：

一、信函式公文

信函式公文的上行文和下行文使用同一格式编排。

（一）版头

信函式公文版头部分从上到下各要素依次为发文单位标志、上红色双线（旧称"武文线"）、发文字号、份号、密级及保密期限、紧急程度，无签发人。

1. 发文单位标志

发文单位标志使用发文单位全称或规范化简称，不加"文件"二字。使用红色小标宋体字，文字上边缘距上页边 30mm，居中排布，字号大小由发文单位自行决定。

联合行文时，信函式公文只标主办单位名称。

2. 上红色双线

上红色双线为上粗下细，标注于发文单位标志下 4mm 处，居中排布，长度为 170mm（长于版心）。上红色双线仅标注于首页。

3. 发文字号

上红色双线之下（相距 7/8 3 号仿宋体字字高），居右顶版心右边缘标注。标注方式、字体字号等与文件式公文相同。

4. 份号、密级及保密期限、紧急程度

份号与发文字号同行居左顶版心左边缘标注，其下逐行依次编排密级及保密期限、紧急程度。其他所有标注格式要求均与文件式公文相同。

（二）主体

信函式公文主体部分的格式要素与文件式公文相同，除标题位于版头部分最后一个要素下边缘之下第三行居中标注外，其他所有要求均同文件式公文。

（三）下红色双线（旧称"文武线"）

标注于纸张下页边之上 20mm 处，上细下粗，居中排布，长度为 170mm（长于版心）。下红色双线仅标注于首页。

（四）版记

信函式公文的版记不标注分隔线、印发机关和印发日期。如有抄送单位，以及特殊情况下需在版记处标注主送单位时，标注抄送单位、主送单位，标注方式同文件式公文。

（五）页码

信函式公文首页编排页码但不标注，其他所有要求均与文件式公文相同。

二、便函式公文

便函式公文不编文号，故不标注发文字号，并且由于涉密、紧急公文不可使用便函式公文印发，故也不标注份号、密级及保密期限、紧急程度。除此之外，其他所有格式要求均与信函式公文相同。

58. 批转、转发、印发类公文的格式有哪些特殊要求？

答：批转、转发、印发类公文，被批转、转发、印发的内容不作为附件处理，即不编"附件说明"，被印发内容的首页左上角不标注"附件"二字，其余编排位置、格式要求等与普通附件均相同。如有多个被批转、转发、印发的内容，应按顺序逐一顺排，后一内容的首页在前一内容的末页后另页编排。

批转、转发、印发类公文，如在被批转、转发、印发的内容之外，另有其他内容作为附件的，应正常标注附件说明，并在被批转、转发、印发的内容之后另页编排。

59. 公文的语言文字有哪些基本要求？

答：（1）公文用语应使用规范汉语表述。需要使用外国语言文字的，应在文中首次出现时以括注形式标注准确的汉语注释。民族自治地方的公文，可以并用汉字和当地通用的少数民族文字。

（2）对相关事项直接正面表述，切忌迂回、修饰，对于请示、批复、通知、决定等处理具体事项的文种，应以简短语句开篇点明公文主旨或观点。

（3）使用简洁、直白的公文语言，避免出现口语、抒情文字以及过于专业性的生僻字句，除表彰、请求支持等特殊事项公文外，不应出现以惊叹号结尾的感叹句。

（4）尽量使用简短句式，切忌结构复杂的长句子。

（5）尽量控制公文正文篇幅，正文内容过多时，可适当转移至附件。

60. 公文中的计量单位、标点符号、数字的用法有哪些要求？

答：公文中的计量单位、标点符号、数字（层级序号除外）的用法，分别按照 GB/T 3100—1993《国际单位制及其应用》、GB/T 15834—2011《标点符号用法》、GB/T 15835—2011《出版物上数字用法》执行。

61. 怎样做到准确引文？

答：（1）引述或提及其他文件。公文中引述或提及其他文件时，应完整引用文件名称和文号，一般采取文件名称在前（用书名号），文号在后（用圆括号），例如"《关于×××××的通知》（国家电网××〔20××〕××号）"。

文号中年份应用六角括号"〔〕"（此符号无法从键盘直接打出，可从 Word 文档的"插入"栏选择"符号"，字符代码分别为 3014 和 3015）。当同一文件在文中被再次引用时，可只引用标题或发文字号。

如引述文件内容涉密，公文需设定与引文相同的密级。

（2）引用重大战略决策、方针、政策、精神。应完整、准确表述，不可擅自裁剪、提炼或转述。对于领导讲话或书面报告的内容，如尚未公开的，不得在公文中引用。

（3）引用法律条文。引用法律法规条文时，应将"条"、"款"、"项"引全。

（4）引用外文。应注明中文翻译。

62. 公文中缩略语的使用有哪些要求？

答：（1）政策类缩略语。应根据文件印发对象确定使用是否适宜。对于"一国两制"、"节能减排"等常用概念，在各类文件均可使用。对于"两个转变"、"一强三优"等公司内部通用简称，在公司系统内文件可以使用，但对系统外行文时需加以注释。

（2）国际组织的外文名称或其缩写形式。应在第一次出现时注明其准确的中文译名。

（3）地名。一般不允许使用简称，比如"广东省"不可用"粤"，"上海市"不可用"沪"。但特定区域的专有名词，例如"长三角地区"、"珠三角地区"、"京津唐地区"可以使用。此外，被普遍接受的一些惯用缩略表达也可以使用，例如"在京单位"。

（4）时间年份。不能使用缩略语，比如"2010 年"不能缩写为"10 年"。

（5）自行设定的缩略语。应在第一次出现时加以说明，例如"北京市电力公司（以下简称北京公司）"。

63. 公文中如何正确表述领导职务?

答: 公文中提及领导职务时, 要写标准称谓, 如 "党组书记×××同志"、"总经理×××同志"、"纪检组长×××同志"等, 不能将 "党组"与"党委"、"纪检组"与"纪委"等混用, 不能使用"某总"、"某书记"之类非正式简称, 对于副职不能省略"副"字。领导身兼数职时, 一般只写与公文事务相关的职务。

64. 拟写"报告"应注意哪些问题?

答:(1)基本写法。对相关事项陈述力求精练概括, 一般不做细节描述, 但对具体突发事件(如某变电站发生重大安全事故)、人物事迹(如职工在抗灾抢险中英勇献身)等的报告, 应翔实提供各种关键信息(时间、地点、单位或人物名称、事件过程、重要数据等)。

依上级单位要求所做的报告(如报送相关材料、汇报相关情况等), 应介绍相关事由背景(如上级来文及相关要求)。

(2)报告不可夹带请示事项。有时报告中会就有关事项向上级单位提出"建议", 容易与"请示"混淆。报告中的"建议"仅供上级单位参考, 上级单位可以不回复, 发文单位不得以"建议"未得到回复作为理由拖延或影响有关事项的办理。"请示"是对相关事项如何处理向上级单位进行询问, 上级单位必须批复, 而发文单位也必须按上级单位相关指示执行。

报告中切忌出现"请指示"、"请批示"等表述。

65. 拟写"请示"应注意哪些问题?

答:(1)基本写法。"请示"一般由请示缘由、请示事项、结束语三部分组成。"请示缘由"即请示事项的原因、背景、理由和依据, 写作时应突出请示事项的重要性和必要性。"请示事项"即请求上级单位批准或指示的具体事项内容。为了便于上级单位决策, 写作时不仅要对事实表述清楚, 必要时还应提供发文单位对相关问题的意见或态度，遇到特别复杂的情况，可以预先提供几种处理方案供上级选择。"结束语"常用"妥否，请示"、"以上当否，请批复"或"特此请示，请批复"等。

（2）转批类请示的写法。因发文单位需请求上级单位将文件转批给其他单位执行，故此类请示须对相关事项提供较为完备的做法、步骤和措施，具备实用性和可操作性。其结束语一般为"以上意见如无不妥，建议以××××名义转批××××"。

66. 拟写"决定"应注意哪些问题？

答：决定一般由决定缘由、决定内容、执行要求三部分组成。

决定缘由部分包括决定内容的根据、目的、意义及背景，最后常用"特作如下决定"、"现决定如下"等语句过渡到"决定内容"。

决定内容包括决定事项的具体内容、原则、办法、措施、要求、规定事项等。

执行要求包括对收文单位应如何执行本决定所提出的要求、意见或期望。

67. 拟写"纪要"应注意哪些问题？

答：纪要一般先写概述，介绍会议时间、地点、组织者、主持人、议程议题、进行情况、总体评价等基本信息，然后在主体部分详述会议的主要精神、讨论意见、议定事项等。根据会议实际情况，主体部分可以采取提炼综述、分项叙述或发言提要等方式拟写。

68. 拟写"通知"应注意哪些问题？

答：通知一般要求简明扼要，平直表述相关信息，切忌文字繁冗、过多修饰议论。此外，根据通知内容的区别，在写法上也有不同。

（1）下发文件类通知。用于颁布规章制度，印发、转发、转批文件等。应写明该文件的下发对象，下发缘由和依据，发文单位对该文件的态度，以及收文单位在贯彻执行该文件时应遵循的要求。

（2）工作指示类通知。用于对下级单位部署工作、纠正问题、提出指导意见等。应写明所涉何事（具体某项工作或某个问题），以及具体的指示意见（从政策、原则到具体的实施步骤、要求、措施等，一般采取分条列项法）。

（3）日常事务类通知。用于催报材料，通知机构裁撤、印章启废等。应写明通知的缘由和依据，同时应对具体事项交代清楚。

拟写"会议通知"应注意以下问题：

（1）基本要求。必须写明会议时间、地点、名称、内容、主办单位、参会人员范围、人数、会议材料要求、会议报到时间、食宿安排以及其他注意事项，在公文最后还应标明联系人姓名、单位及联系方式（电话、电子邮箱）。

（2）会议回执。一般作为会议通知的附件，用于收文单位向主办单位反馈参会人员信息。内容一般包括参会人员单位、姓名、性别、民族、职务和联系方式，必要时还应注明到达时间、航班（车次）、是否需要接站等。

69. 拟写"通报"应注意哪些问题？

答：通报正文一般分前言和正文主体两部分，开篇为前言，主要写发此通报的背景、原因、根据、目的等，点明通报对象、事件或问题，并在最后以"特通报如下"之类语句过渡到正文主体。正文主体写作视通报种类不同略有差别。

（1）表扬（批评）类通报。针对具体单位、人员的表扬（批评）类通报，除写清楚对其进行表扬（批评）所依据的具体事由及奖惩决定外，还应加以适当分析评论，并号召学习或引以为戒。

（2）问题通报。主要针对不良现象、典型问题、重大事故等进行通报，此类通报除写清通报事由、处理决定外，还应对现象、问题、事故加以分析，针对收文单位提出指示性的意见、要求或措施，以期吸取教训，避免出现类似问题。

（3）情况通报。主要用于传达重要情况以及需要下级单位知晓的事项。此类通报较为简单，只需客观平实地交代清楚事项内容，必要时还可在最后加上一些指示性意见，以指导工作。

70. 拟写"批复"应注意哪些问题？

答：批复属于回复性文种，是针对"请示"所作的批示和答复，因此限定了主送单位（"请示"来文单位）和行文内容（来文"请示"事项），收文单位必须依照"批复"执行相关事项。因此"批复"必须要求明确、态度鲜明、指示清晰，以便收文单位贯彻执行。

批复文件开篇即应引述"请示"来文，一般以"你单位《××××》（×××〔20××〕××号）收悉"开头，再写批复内容（有时会以"现批复如下"作为过渡）。结语通常使用"特此批复"或"此复"。

根据批复内容，写作时应注意以下几点：

（1）决定性批复。即对下级单位请示事项作出明确批准或否定。同意请示事项时，批复较为简单，简要复述来文请示事项，表示批准即可。不同意请示事项时，批复除对请示事项表示否决外，通常应对请示来文中所陈述的理由加以分析驳回，讲明否定的缘由和依据。

（2）指导性批复。此类批复多见于两种情况：一是对于下级单位的请示表示基本同意，但其上报方案或思路尚不完备，因此在批准之外还要加上一些具体的指导意见。二是下级单位就政策、法规方面问题向上级请求释疑时，上级单位应根据有关政策、法规对相关问题作出解释。这种政策法规解释类批复只能由被授权或有权解释的单位制发，本单位无权解释的，可逐级向上请示，直至有权作出解释的单位。

71. 拟写"函"应注意哪些问题？

答：函一般分为"发函"与"复函"，其写作要求区别如下：

（1）发函。发函标题一般为《××单位关于××××××的函》。

正文在开头简述行文缘由之后，一般用"现函告如下"转入主题。函件内容如涉及需限时办理的事务，应在正文中写明办理时限。

结束语根据函的内容而定，如为请求帮助的，可用"请予支持"；如为请求批准的（有时平级或不相隶属的单位间也会存在一方某业务需得到另一方核批的情形，此时即应使用请求批准的函），可用"请予批准"；如为问询意见，可用"请予函复"，等等。

（2）复函。复函标题一般为《××单位关于××××××的复函》。

正文开头应先引述对方来文，然后以"经研究，现函复如下"转入主题。

复函结束语常用"特此函复"。

72. 拟写"意见"应注意哪些问题？

答：意见应用范围最为广泛，应根据公文内容及行文关系，分别参照对应的上行文种、平行文种及下行文种的写法进行拟写。

[部门审核会签]

73. 公文的部门审核包括哪些内容？

答：在公司总部，各部门（分部）完成公文拟稿后，应先在本部门（分部）进行审核，内容包括本处室审核及部门综合处（分部办公室）审核。审核无误后，报部门（分部）负责人核签。公司各单位相关流程要求参照总部执行。

部门审核的重点包括：

（1）审核内容。包括公文的文种、格式、文字、标点等内容是否正确，专业术语是否规范，专业数据是否准确等。

（2）审核会签。包括应会签部门有无遗漏，会签部门负责人是否都已核签，修改后对会签意见有无遗漏等。

（3）审核涉密及敏感内容。审核公文是否涉密、是否依照规定设定并标注密级，以及公文内容是否涉及不宜公开的敏感信息、是否设定并标注了恰当的印发传达范围（下行文）。

（4）审核其他易错环节。包括公文送签领导的选择、公文主（抄）送及内部分发单位的选择、公文紧急程度的设定及标注、公文的附件说明与附件是否完整且一致、"联网分发"栏中分发单位是否齐全（公文的主送、抄送及内部分发单位，凡属公司系统内部门、单位，且可以联网分发的，均应出现在"联网分发"栏内）等。

74. 哪些情况下公文需要其他部门会签？

答：（1）涉及人员编制及机构调整的，须会签人资（人事）部门。

（2）涉及财务支出，须会签财务部门。

（3）涉及授权，须会签法律部门。

（4）涉及制定规章制度，须会签法律部门。以公司总部为例，如涉及公司重要规章制度的制定，需经规章制度委员会审核通过。公司法律部对于需经公司规章制度委员会审批的文件制定了三项判断标准：① 以国家电网公司文件发出的；② 文件名称带有"办法"、"规定"、"制度"、"细则"等字样的；③ 文件内容以"章"、"节"、"条"、"款"、"目"形式拟定的。凡具备上述三项条件的规章制度类文件，都必须经公司规章制度委员会审核通过方可发出。公司各单位可参照前述规定自行设置相关审批制度。

（5）涉及奖惩，须会签人资部门。其中，涉及表彰先进工作者以及精神文明单位，还应会签政工部门；涉及表彰劳动模范、先进集体（班组），还应会签工会。

（6）涉及制定企业各类标准的，须会签企业标准归口管理部门（公司总部归口管理部门为企业管理协会）。

[办公厅（室）核稿编号]

75. 部门审核后哪些公文还需办公厅（室）继续审核、流转？

答：总部公文完成部门审核会签后，如系总部部门公文、办公厅厅内文（函）及分部公文，可直接由部门、办公厅及分部负责人签发。但对于公司公文、办公厅厅外文（函），还需报送办公厅进行编号并再次审核，无误后报公司领导签发。公司各单位审核公文时参照总部执行。

76. 办公厅（室）为公文编号有哪些特殊情况需要注意？

答：办公厅（室）通过协同办公系统为公文自动生成文号。手工编号的特殊情况有：

（1）存在惯例（例如每年公司发文编号的前几号都会保留给一些意义重大的文件）或办文部门有特殊要求（例如总部某些部门起草公司文件时，为了突出文件的重要性，会专门要求编"国家电网办"的文号）的文件，在不违反公文管理规定的前提下，可依惯例或要求编号。

（2）公文编号后报送领导签阅，因特殊情况第二年才签发的，在正式印发时应清除原文号，重新编当年文号。

77. 办公厅（室）对公文的再次审核包括哪些内容？

答：除对部门应审核的内容进行再次审核外，作为公文呈送领导签发前的最后把关部门，办公厅（室）还应对以下内容进行重点审核：

（1）公文内容是否与党和国家的法律法规和重要方针政策一致。

（2）公文中涉及公司重大战略决策、工作部署的表述是否完整、准确、恰当。

（3）所涉事项是否超出拟稿部门权限，是否与其他部门权限存在冲突、重叠。

（4）文件的主送对象、格式、文种选择是否正确。

（5）内容是否精练。

（6）附件是否齐全、准确。

对审核发现的问题，办公厅（室）应按规定修改，或退回稿件并督促拟稿部门修改，同时如实记录问题公文情况，以利做好综合分析及考核通报工作。

[领导批阅签发]

78. 公文报送公司（单位）领导签发时有哪几种情况？

答：公文经办公厅（室）审核无误后，报送公司（单位）领导阅签，领导无异议，可直接签发。签发文件时，应明确签署意见（一般为"同意"或者"发"，签名视为同意）、姓名和审批日期，并使用符合存档要求的书写工具签发。签发后，文件退办公厅（室）完成后续流程。

如有异议，处理如下：

（1）修改文件。领导审阅公文提出修改意见时，由领导本人或秘书将文件退回办公厅（室），由办公厅（室）退回拟稿部门并转达修改意见，拟稿部门修改完成后，经办公厅（室）转呈领导再次阅签。特殊情况下文件直接退回拟稿部门修改的，拟稿部门应及时告知办公厅（室）。

（2）废止文件。领导决定某文件不宜办理时，由领导本人或秘书将该文件退回办公厅（室），办公厅（室）注销文号，再退拟稿部门作废。

（3）转送其他领导批阅。公司（单位）领导要求送其他领导批阅的，秘书应将文件退交办公厅（室）流转，避免在领导间横传公文。

79. 哪些情况下公文需报送非分管领导签发？

答：部门起草的公文经办公厅（室）审核无误后，一般原则是按照领导分工，由该部门的分管领导签发，但也存在需报送非分管领导签发的情况，包括：

（1）分管领导外出时，由代管领导签发。

（2）由某领导专项负责的事项，无论文件拟稿部门是否归该领导分管，原则上都应交该领导签发。

（3）根据领导批示办理的公文，应报送最初交办事项的领导签发。例如，公司收到上级单位来文，该文件由 A 领导批示给甲部门（由 B 领导分管）办理，并要求拟文回复。甲部门拟文后应报 A 领导签发，同时告知并内部分发给 B 领导。

（4）经领导间协商后，对文件签发人做特殊要求的，依要求办理。

80. 如需要，公文报送领导阅签前，应准备哪些参考资料？

答：为更好地服务领导决策，为领导批阅文件充分提供参考信息，办文部门可在公文送签时随文提供以下资料：

（1）办文说明。置于公文首页，主要用于说明公文所涉事项的背景、办文目的、内容要点等，要求文字精练，反映整篇公文的主旨准确清晰。

（2）背景资料。如送签公文内容复杂，或拟签发领导对此文所涉情况不甚了解，应随文附上相关文件或资料。如公文所涉事项此前已行签报，应随文附上。

（3）领导批示。按照领导批示起草的文件，应随附领导批示。

[印制、用印、核发、归档]

81. 文件排版、印制、用印的基本流程是什么？

答：（1）排版。公文在领导签发后，即由相关人员送排版，并通知拟稿人校对，无误后签字验收。

（2）印制、用印。

1）非涉密文件及商密文件。此类文件可在协同办公系统全文流转，校对后将电子件发至具有盖章权限的部门（公司发文为办公厅，办公厅发文为办公厅综合处，总部部门发文为部门综合处，公司各单位发文为各单位办公室），加盖电子印章后传回打字室。打字室打印后，电子件发回拟稿部门秘书。同时，在纸质公文阅办单的领导签发处加盖公章。

2）涉及国家秘密的文件。此类文件协同办公系统只登录基本信息（如文件标题、拟稿部门、拟稿人员、主送单位等），不含正文，校对后打字室印制文件，与领导手签原件一同手工盖章。其他分发、归档程序同一般要求。

3）其他注意事项。公文应双面打印。手工文件盖章应作用章记录。

82. 公文的"成文日期"与"印发日期"有何区别？

答：公文的"成文日期"即落款日期，也是公文的生效日期，一般以领导签发日期为准。某些规章制度类的公文，如文中明确规定了生效日期，比如"本规定自 2010 年 9 月 23 日起施行"，则该文件生效日期以规定日期为准。对于联合行文，以文件最终的领导签发日期为准。经会议讨论的公文，比如任免通知、会议纪要等，以通过日期作为成文日期亦可。

公文的印发日期即公文的付印时间，由于公文从签发到印制存在时间差，所以印发日期可以略晚于成文日期。

83. 公文如何分发？

答：公文用印后，一般以四种形式分发：联网分发、内部分发、文件交换站分发及邮局分发，前两者适用于系统内，后两者适用于系统外。遇有紧急情况时，可传真（机密或秘密文件应使用普通密码传真系统）发送文件，但传真件只视同正式文件的复印件，不能归档保存，正式文件还需通过常规方式补发。

（1）向系统内分发文件。

1）联网分发。向系统内单位分发文件，一般都采取联网分发。

联网分发的职能部门，公司文件为办公厅，办公厅文件为办公厅综合处，总部部门文件为本部门综合处，公司各单位文件为本单位办公室。

2）内部分发。内部分发是公司文件在总部采取的一种特殊分发形式，其分发对象为：① 文件签发领导，以及需要知晓文件内容的其他公司领导；② 需要知晓文件内容，但又不需要以此文件作为依据开展相关工作的总部部门。

需要内部分发的公司公文，在办公厅完成联网分发后，文件退回办文部门归档，由办文部门秘书进行内部分发。

3）分发途径。联网分发与内部分发均通过公司协同办公系统完成。

（2）向系统外发送文件。

1）文件交换站分发。凡送在京的各中央机关、国务院各部委（局）、国资委下属各央企等的公文，均由国务院文件交换站进行公文分发。公司各单位所在地如有地方政府设立的文件交换站，亦循此例。

2）邮局分发。系统外分发文件，除使用文件交换站分发的，其他均通过邮局分发，其中涉及国家秘密文件由机要邮局分发。

3）专人送达。对于无法从交换站及机要邮局渠道发送的涉及商业秘密文件，如无法使用新一代公文安全传输系统分发的，应由专职人员送达收文单位。

84. 国资委对公文报送份数有什么特殊要求？

答：国资委在《关于规范中央企业公文报送及办理有关工作的通知》（国资厅发〔2006〕9 号）中规定："国资委报送公文，一般情况下，请示性公文、综合性和重要情况的报告类公文各送 3 份；回复意见、报送材料、备案类公文各送 2 份；抄送类公文送 1 份；其他有份数要求的，按要求报送。"

85. 发文如何归档？

答：公文完成用印、分发等全部流程后，由拟稿部门收集整理发文阅办单、公文正本及定稿后，按相关规定送至本单位档案馆（室）保存。

第二部分

签　　报

一、概述

"签报"部分主要介绍公司系统内签报起草、审核、签批、归档流程中的常见问题及解答。

起草签报，应首先根据内容确定其规格及种类，并根据部门职责及领导分工，确定签报应会签部门及阅批领导。正式拟写签报时，对于文字及格式，除公司有明确规定外，其他与"发文"的拟写要求相同。

签报拟写完毕后，应根据需要会签其他部门，会签完毕，应呈办公厅（室）审核、编号。办公厅（室）在审核签报时，应对会签部门、送阅领导、内容主旨、格式篇幅、附件等方面进行重点审查，确认无误后，报相关领导阅批。

签报经领导阅批后，由办公厅（室）退办文部门按要求归档。

二、签报办理流程

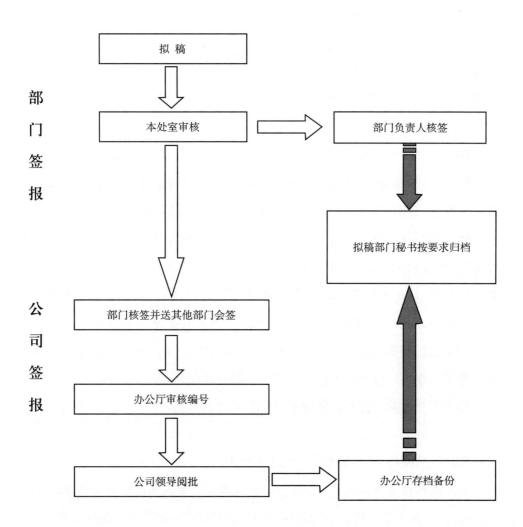

部　门　签　报

公　司　签　报

拟　稿

↓

本处室审核　→　部门负责人核签

↓　　　　　　　↓

部门核签并送其他部门会签　　　拟稿部门秘书按要求归档

↓　　　　　　　　↑

办公厅审核编号

↓

公司领导阅批　→　办公厅存档备份

三、常见问题及解答

86. 签报有哪几种？

答：签报从使用范围上分为"公司（单位）签报"和"部门签报"（"公司"指国家电网公司，"单位"指公司各单位，"部门"指总部各部门、公司各单位本部机关各部门），从内容上分为"呈报类签报"和"呈批类签报"。

87. "公司（单位）签报"与"部门签报"有何区别？

答：（1）公司（单位）签报。总部公司签报由总部各部门及各分部办文人员起草，经部门（分部）负责人核签及其他相关部门会签，送办公厅审核后，送公司领导阅批。领导阅批完毕，由办公厅对领导阅批意见复印备份，再将签报原件发回办文部门（分部）秘书。如领导的阅批意见涉及向其他部门布置工作或要求其知晓的，办公厅应同时向相关部门分发。对于总部授权类公司签报，办公厅还应负责对领导签字后的授权书加盖公司印章，再将其分别分发给法律部及主办部门（分部）。

（2）部门签报。由部门办文人员起草，送部门负责人核签。部门签报不涉及其他部门会签，也不能向公司（单位）领导越级呈送。

公司各单位的单位签报依照本单位具体规则办理。

88. "签报"与"散件"有何区别？

答：散件指在公司系统正式发文、公司收文、签报和值班文电之外，各部门（分部）、各单位及其他来源直接呈报公司领导的各类文件。根据公司规定，凡属《国家电网签报管理办法》（办文档〔2005〕84号，见附录4）、《关于进一步加强签报管理的意见》（办文档〔2009〕27号，见附录5）规定的应纳入正式签报的重要事项和重要情况，一律执行签报，不得以散件代替。

公司对于散件的管理规定，详见《关于加强散件管理工作的通知》（办秘

〔2012〕128 号，见附录 6）。

89. 公司（单位）签报应如何确定呈报领导？

答：以总部公司签报为例，根据签报内容可遵循如下原则确定呈送领导。

（1）一般签报：只送本部门分管领导。

（2）非财务授权类：本部门分管领导、分管法律事务领导并公司主要领导。

（3）财务授权类：本部门分管领导、分管法律事务领导、分管财务领导并公司主要领导。

（4）财务支出类：本部门分管领导、财务分管领导并公司主要领导。

（5）预算外支出类：分管财务领导、分管申请部门的领导并公司主要领导。

公司各单位可根据本单位领导分工，参考制定相应原则。

90. 公司（单位）签报应如何确定会签部门？

答：（1）凡签报内容涉及向其他部门安排工作任务的，应会签所涉部门。

（2）涉及钱财使用，须会签财务部门。

（3）涉及制定规章制度，须会签法律部门。

（4）涉及机构调整、人员表彰奖励，须会签人资部门。

（5）涉及授权，须会签法律部门并由法律部门出具相关授权书，一式两份，由公司（单位）领导签字并经办公厅（室）加盖公司印章后，一份交主办部门使用，一份交法律部门存底备份。

（6）涉及表彰先进工作者、精神文明建设先进单位，须会签政工部门。

（7）涉及表彰劳动模范、先进集体（班组），须会签工会。

91. 起草签报正文有哪些要求？

答：签报仅限于内部使用。一般"呈批类签报"参照公文中的"请示"、

"呈报类签报"参照公文中的"报告"相关要求进行拟写。需特别注意的是，签报必须一事一报。

92. 签报篇幅应如何控制？

答：签报应尽量言简意赅，篇幅短小。总部要求公司签报正文应控制在800字以内，公司各单位可根据自身情况制定相应规则。对于实践中确因工作需要而致使签报字数偏多时，可采取如下方法处理：

（1）精简正文内容，保留标题结构，将相关详细内容改为附件。

（2）正文内容确实无法缩减或改为附件时，应与办公厅（室）沟通，办公厅（室）应在协同办公系统中对相关情况加以注释。

93. 怎样填写签报的落款时间？

答：公司协同办公系统会自动生成落款时间，除有特殊要求外，拟稿部门无需填写。

94. 各部门及办公厅（室）对签报的审核应包括哪些内容？

答：（1）主送领导选择是否准确。

（2）有关内容是否与国家法律法规和公司重大方针政策的精神相一致。

（3）篇幅是否超标。

（4）签报涉密、紧急程度等相关要素标识是否正确（涉密及紧急程度的确定、标注方式、操作要求等均参照发文的相关规定执行）。

（5）应会签部门是否已经会签齐全。

（6）文件落款时间是否正确，是否有双重日期出现。

（7）附件是否完整。

第三部分

收　文

一、概述

"收文"部分主要介绍公司系统接收来文并进行审核、拟办、分办、保存等流程中的常见问题及解答。

公司系统一般通过电子和纸质两种渠道接收来文。

收到来文后，应根据来文内容进行分类、登记、编号及审核，确定拟办意见。

按照拟办意见，来文一般分为"办件"及"阅件"。重要"办件"应送领导阅签，并根据领导阅签意见分发给相关职能部门办理。一般"办件"可直接转相关职能部门办理。"阅件"应送相关领导及部门传阅。

收文在办理、传阅完毕后，应根据文件的重要程度，由办公厅（室）或承办部门归档保存。

二、收文办理流程

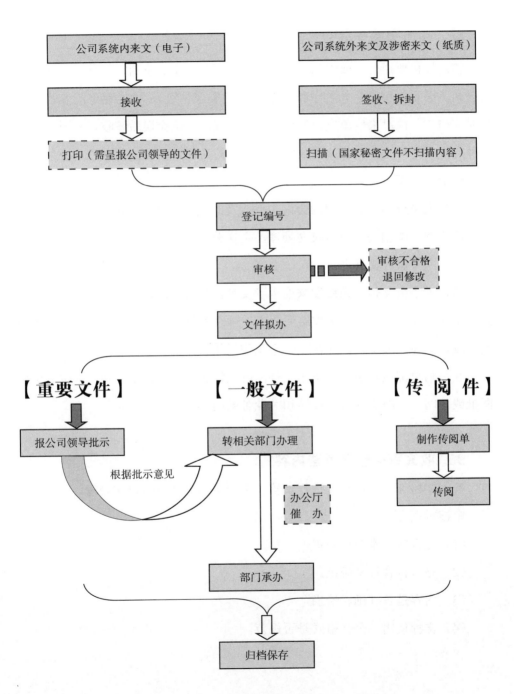

三、常见问题及解答

95. 如何签收文件?

答：经机要通信（或邮局）渠道收到的纸质公文、资料、信件（收件单位为公司、公司党组及公司各单位、各单位党委或党组），由文秘部门签收；签收时应检查、核对来信单位、件数、密封情况，确认无误后签收。非国家秘密文件应在拆封后进行扫描，生成电子文件。信访件转信访部门办理，检举信件转监察部门办理。

工作人员外出参会带回的会议文件应及时交文秘部门处理。主送相关部门的会议文件，由相关部门做收文处理，主送公司（单位）的，由公司（单位）办公厅（室）做收文处理。

通过电子公文传输系统发来的电子文件，每日应及时签收。工作时段内收到的电子文件，应在当日接收结清；工作时段外收到的，如为紧急文件，应随到随收，如为一般文件，应在下一个工作日接收结清。

在公司总部接收重要的电子文件，还应打印纸质文件呈公司（单位）领导阅批或传阅；一般文件可直接转相关业务部门办理。

96. 收文审核包括哪些内容?

答：文秘部门应对收文进行审核，不合格的公文应做退文处理。

审核重点是：

（1）是否应由本单位办理。

（2）是否符合行文规则。

（3）内容是否准确、恰当。

（4）文种使用、公文格式是否规范。

97. 收文如何登记编号？

答：此处介绍公司总部的办理程序，公司各单位可参照执行。

（1）涉及国家秘密的文件。涉及国家秘密的文件，手工进行登记，在协同办公系统上只填写来件单位、字号、标题内容、主送单位、密文编号范围、文件份数、密级、紧急程度等，统一顺序编号登记，并在编号前加"密"字（如密1、密2、密3），登记后打印带编号的条码贴在文件（或资料、简报）上。

（2）不涉及国家秘密的文件。非密件的重要公文、资料、简报，扫描（或接收电子文件）后，基本信息内容及正文内容均保存在协同办公系统，统一顺序编号登记（如 1、2、3），登记后打印带编号的条码贴在文件（或资料、简报）上。只需公司（单位）领导和业务部门知晓的一般性资料、简报，可不登记编号只贴传阅单流转。

98. 按照处理方式，收文可分为几种？

答：收文可分为办件和阅件。办件又分为需办理的重要文件、一般性业务文件；阅件为需知晓的文件。文件拟办时应根据文件内容确定相应拟办意见。

99. 公司总部收文如何拟办？

答：

（一）需办理的重要文件

（1）国家领导人的批示件，中央、国务院、其他上级领导部门、各省（自治区、直辖市）委省（自治区、直辖市）政府需办理的重要件，应呈送公司主要负责人阅批，并根据阅批意见办理。

（2）中央办公厅、国务院办公厅、各部委或部委办公厅（含部局）、各省（自治区、直辖市）委省（自治区、直辖市）政府办公厅、公司各单位需办理的重要文件按职能分工送相关领导阅批，并根据阅批意见办理。

（二）一般性业务文件

（1）基本原则是按职能分工转相关部门办理。

（2）国家发展改革委、能源局关于项目核准的批复、投资计划、有关工作通知，国资委、电监会等有关部门业务性工作，可直接转业务部门办理。

（3）关于可研、接入、初步设计、环评等方面的文件，以及公司各单位根据总部各部门工作部署报送的工作方案、报告等，可直接转相关业务部门办理。

（三）阅件

（1）党和国家领导人或有关单位主要领导圈阅公司报送工作情况汇报，呈公司领导、相关部门传阅。

（2）中央、国务院领导重要讲话，呈公司领导、相关部门传阅。

（3）有关单位重要资料、简报，呈公司分管领导、有关部门传阅。

100．公司各单位收文如何拟办？

答：此处仅作为参考，各单位可根据自身具体情况制定相应细则。

（一）需办理的重要文件

（1）公司文件、重要的办公厅文件、重要的总部部门文件、对单位所在地或所属业务具有直接管辖权限的政府机关文件、各单位所属基层单位上报的重要文件，应报送单位主要负责人阅批。

（2）涉及规范性、全局性、政策性事务以及重大突发事件的文件，应报送单位主要负责人阅批。

（3）对于涉及多个专业内容的，以及涉及全新工作领域的文件，应先报送单位主要负责人，根据其阅批意见再交有关分管负责人办理。

（4）专业性、业务性的文件，应报送分管相关事务的单位副职领导阅批。

（二）其他文件

因各单位具体情况不同，可参照公司收文要求自行拟定规则。

101. 文件批阅顺序如何确定？

答：（1）传批顺序。阅批过程又称传批，按照领导职位排序逆向送批。

（2）传阅顺序。文件按照领导职位排序顺向送阅。

102. 普通单份文件领导批示后应如何处理？

答：（1）涉及国家秘密文件。此类文件报公司领导批示后，应根据文件内容、紧急程度分送或依次传阅。根据密级可采取送阅或通知相关人员及时取件的方式提升传阅速度。

（2）非涉及国家秘密文件。公司总部，非涉及国家秘密文件待公司领导阅批后原件转主办部门，电子文档分发协办部门。有时限要求的文件，在呈报公司领导阅批纸质文件的同时，应将纸质文件复印件（非密件电子文档发送）送有关部门，以做好相应工作准备。公司各单位参照执行。

103. 一式多份文件领导批示后应如何处理？

答：此种情况主要针对公司总部。此类文件多由上级单位（中央、国务院、部委等）印发，当公司（单位）领导对文件批示"党组同志（公司领导班子成员）阅""有关部门阅（办理）"时，处理时批示页原件由文秘部门存档，批示页复印件根据领导批示，与文件同时分送相关领导、部门。

104. 办理文件时有哪些特殊情况需要注意？

答：（1）领导出差、出访或其他原因不能正常批阅公文时，可按领导出差替代顺序办理。如特殊情况不宜由替代领导阅批，文秘部门应与领导及时联系，条件允许下，以传真（或加密传真）方式报领导阅批，或协商待领导回单位后办理。

（2）办理有前案的文件，文秘部门应附上领导原批示件。

（3）呈领导阅批会议通知或有时限要求的文件，应对文中重要内容、时间做出适当标记，以提示领导关注，并在文件呈批单上注明紧急程度，如急件、特急。

105. 文件交部门承办有哪些要求？

答：此处以总部部门承办方式为例，各单位参照执行。

（1）部门收到带有领导批示的重要文电或一般收件，应先经部门负责人阅批，再交承办人办理或传阅。

（2）凡需两个以上部门共同办理的，应明确主办部门，涉及其他部门的事项，主办部门应主动与相关部门协商办理。

（3）承办部门收到公文后应及时办理，不延误、推诿。紧急公文有办理时限要求的，应在时限内办理；无办理时限要求的，应及时明确办理意见。

（4）紧急公文不能按时限办理完成的，应予以说明。

（5）不属于承办部门职权范围内应办理的收文，应及时退回文秘部门并说明理由。

106. 文秘部门如何对文件进行催办？

答：送公司（单位）领导阅批或由有关部门办理的有时限要求的公文，应进行催办，做到紧急公文跟踪催办❶，重要公文重点催办。

107. 收文如何归档？

答：收文办理完毕后，应及时整理、归档。归档内容一般包括公文的阅办

---

❶ 收到紧急公文，公司办公厅及总部各部门负责公文拟办及分办的收文人员应随到随办。紧急公文的具体承办部门或人员应抓紧办理，公文有明确时限要求的，要在规定时限内完成，因各种原因在规定时限内不能完成的，要及时向公司或部门领导以及来文单位报告并解释原因。公文无明确时限要求的，根据国务院办公厅相关规定，"特急"公文应在7个工作日内办毕，"急件"应在14个工作日内办毕。

单、公文正本及附件。个人不得保存应归档的公文。

中央、国务院文件、密码电报或涉密资料、简报等由文秘（机要）部门根据保存价值负责整理归档。

由业务部门办理的涉密或非密文件、资料，属归档范围的，由各业务部门专、兼职档案人员根据保存价值负责整理归档，保证公文的齐全、完整。

第四部分

附　　录

附录1

党政机关公文处理工作条例

（中办发〔2012〕14 号）

第一章 总 则

第一条 为了适应中国共产党机关和国家行政机关（以下简称党政机关）工作需要，推进党政机关公文处理工作科学化、制度化、规范化，制定本条例。

第二条 本条例适用于各级党政机关公文处理工作。

第三条 党政机关公文是党政机关实施领导、履行职能、处理公务的具有特定效力和规范体式的文书，是传达贯彻党和国家方针政策，公布法规和规章，指导、布置和商洽工作，请示和答复问题，报告、通报和交流情况等的重要工具。

第四条 公文处理工作是指公文拟制、办理、管理等一系列相互关联、衔接有序的工作。

第五条 公文处理工作应当坚持实事求是、准确规范、精简高效、安全保密的原则。

第六条 各级党政机关应当高度重视公文处理工作，加强组织领导，强化队伍建设，设立文秘部门或者由专人负责公文处理工作。

第七条 各级党政机关办公厅（室）主管本机关的公文处理工作，并对下级机关的公文处理工作进行业务指导和督促检查。

第二章 公 文 种 类

第八条 公文种类主要有：

（一）决议。适用于会议讨论通过的重大决策事项。

（二）决定。适用于对重要事项作出决策和部署、奖惩有关单位和人员、变更或者撤销下级机关不适当的决定事项。

（三）命令（令）。适用于公布行政法规和规章、宣布施行重大强制性措施、批准授予和晋升衔级、嘉奖有关单位和人员。

（四）公报。适用于公布重要决定或者重大事项。

（五）公告。适用于向国内外宣布重要事项或者法定事项。

（六）通告。适用于在一定范围内公布应当遵守或者周知的事项。

（七）意见。适用于对重要问题提出见解和处理办法。

（八）通知。适用于发布、传达要求下级机关执行和有关单位周知或者执行的事项，批转、转发公文。

（九）通报。适用于表彰先进、批评错误、传达重要精神和告知重要情况。

（十）报告。适用于向上级机关汇报工作、反映情况，回复上级机关的询问。

（十一）请示。适用于向上级机关请求指示、批准。

（十二）批复。适用于答复下级机关请示事项。

（十三）议案。适用于各级人民政府按照法律程序向同级人民代表大会或者人民代表大会常务委员会提请审议事项。

（十四）函。适用于不相隶属机关之间商洽工作、询问和答复问题、请求批准和答复审批事项。

（十五）纪要。适用于记载会议主要情况和议定事项。

第三章　公　文　格　式

第九条　公文一般由份号、密级和保密期限、紧急程度、发文机关标志、发文字号、签发人、标题、主送机关、正文、附件说明、发文机关署名、成文日期、印章、附注、附件、抄送机关、印发机关和印发日期、页码等组成。

（一）份号。公文印制份数的顺序号。涉密公文应当标注份号。

（二）密级和保密期限。公文的秘密等级和保密的期限。涉密公文应当根据涉密程度分别标注"绝密""机密""秘密"和保密期限。

（三）紧急程度。公文送达和办理的时限要求。根据紧急程度，紧急公文应当分别标注"特急""加急"，电报应当分别标注"特提""特急""加急""平急"。

（四）发文机关标志。由发文机关全称或者规范化简称加"文件"二字组成，也可以使用发文机关全称或者规范化简称。联合行文时，发文机关标志可以并用联合发文机关名称，也可以单独用主办机关名称。

（五）发文字号。由发文机关代字、年份、发文顺序号组成。联合行文时，使用主办机关的发文字号。

（六）签发人。上行文应当标注签发人姓名。

（七）标题。由发文机关名称、事由和文种组成。

（八）主送机关。公文的主要受理机关，应当使用机关全称、规范化简称或者同类型机关统称。

（九）正文。公文的主体，用来表述公文的内容。

（十）附件说明。公文附件的顺序号和名称。

（十一）发文机关署名。署发文机关全称或者规范化简称。

（十二）成文日期。署会议通过或者发文机关负责人签发的日期。联合行文时，署最后签发机关负责人签发的日期。

（十三）印章。公文中有发文机关署名的，应当加盖发文机关印章，并与署名机关相符。有特定发文机关标志的普发性公文和电报可以不加盖印章。

（十四）附注。公文印发传达范围等需要说明的事项。

（十五）附件。公文正文的说明、补充或者参考资料。

（十六）抄送机关。除主送机关外需要执行或者知晓公文内容的其他机关，应当使用机关全称、规范化简称或者同类型机关统称。

（十七）印发机关和印发日期。公文的送印机关和送印日期。

（十八）页码。公文页数顺序号。

第十条 公文的版式按照《党政机关公文格式》国家标准执行。

第十一条 公文使用的汉字、数字、外文字符、计量单位和标点符号等，按照有关国家标准和规定执行。民族自治地方的公文，可以并用汉字和当地通用的少数民族文字。

第十二条 公文用纸幅面采用国际标准 A4 型。特殊形式的公文用纸幅面，根据实际需要确定。

第四章 行 文 规 则

第十三条 行文应当确有必要，讲求实效，注重针对性和可操作性。

第十四条 行文关系根据隶属关系和职权范围确定。一般不得越级行文，特殊情况需要越级行文的，应当同时抄送被越过的机关。

第十五条 向上级机关行文，应当遵循以下规则：

（一）原则上主送一个上级机关，根据需要同时抄送相关上级机关和同级机关，不抄送下级机关。

（二）党委、政府的部门向上级主管部门请示、报告重大事项，应当经本级党委、政府同意或者授权；属于部门职权范围内的事项应当直接报送上级主管部门。

（三）下级机关的请示事项，如需以本机关名义向上级机关请示，应当提出倾向性意见后上报，不得原文转报上级机关。

（四）请示应当一文一事。不得在报告等非请示性公文中夹带请示事项。

（五）除上级机关负责人直接交办事项外，不得以本机关名义向上级机关负责人报送公文，不得以本机关负责人名义向上级机关报送公文。

（六）受双重领导的机关向一个上级机关行文，必要时抄送另一个上级机关。

第十六条 向下级机关行文，应当遵循以下规则：

（一）主送受理机关，根据需要抄送相关机关。重要行文应当同时抄送发文机关的直接上级机关。

（二）党委、政府的办公厅（室）根据本级党委、政府授权，可以向下级党委、政府行文，其他部门和单位不得向下级党委、政府发布指令性公文或者在公文中向下级党委、政府提出指令性要求。需经政府审批的具体事项，经政府同意后可以由政府职能部门行文，文中须注明已经政府同意。

（三）党委、政府的部门在各自职权范围内可以向下级党委、政府的相关部门行文。

（四）涉及多个部门职权范围内的事务，部门之间未协商一致的，不得向下行文；擅自行文的，上级机关应当责令其纠正或者撤销。

（五）上级机关向受双重领导的下级机关行文，必要时抄送该下级机关的另一个上级机关。

第十七条 同级党政机关、党政机关与其他同级机关必要时可以联合行文。属于党委、政府各自职权范围内的工作，不得联合行文。党委、政府的部门依据职权可以相互行文。部门内设机构除办公厅（室）外不得对外正式行文。

第五章　公　文　拟　制

第十八条 公文拟制包括公文的起草、审核、签发等程序。

第十九条 公文起草应当做到：

（一）符合国家法律法规和党的路线方针政策，完整准确体现发文机关意图，并同现行有关公文相衔接。

（二）一切从实际出发，分析问题实事求是，所提政策措施和办法切实可行。

（三）内容简洁，主题突出，观点鲜明，结构严谨，表述准确，文字精炼。

（四）文种正确，格式规范。

（五）深入调查研究，充分进行论证，广泛听取意见。

（六）公文涉及其他地区或者部门职权范围内的事项，起草单位必须征求相关地区或者部门意见，力求达成一致。

（七）机关负责人应当主持、指导重要公文起草工作。

第二十条 公文文稿签发前，应当由发文机关办公厅（室）进行审核。审核的重点是：

（一）行文理由是否充分，行文依据是否准确。

（二）内容是否符合国家法律法规和党的路线方针政策；是否完整准确体现发文机关意图；是否同现行有关公文相衔接；所提政策措施和办法是否切实可行。

（三）涉及有关地区或者部门职权范围内的事项是否经过充分协商并达成一致意见。

（四）文种是否正确，格式是否规范；人名、地名、时间、数字、段落顺序、引文等是否准确；文字、数字、计量单位和标点符号等用法是否规范。

（五）其他内容是否符合公文起草的有关要求。

需要发文机关审议的重要公文文稿，审议前由发文机关办公厅（室）进行初核。

第二十一条 经审核不宜发文的公文文稿，应当退回起草单位并说明理由；符合发文条件但内容需作进一步研究和修改的，由起草单位修改后重新报送。

第二十二条 公文应当经本机关负责人审批签发。重要公文和上行文由机关主要负责人签发。党委、政府的办公厅（室）根据党委、政府授权制发的公文，由受权机关主要负责人签发或者按照有关规定签发。签发人签发公文，应当签署意见、姓名和完整日期；圈阅或者签名的，视为同意。联合发文由所有联署机关的负责人会签。

第六章 公 文 办 理

第二十三条 公文办理包括收文办理、发文办理和整理归档。

第二十四条 收文办理主要程序是：

（一）签收。对收到的公文应当逐件清点，核对无误后签字或者盖章，并注明签收时间。

（二）登记。对公文的主要信息和办理情况应当详细记载。

（三）初审。对收到的公文应当进行初审。初审的重点是：是否应当由本机关办理，是否符合行文规则，文种、格式是否符合要求，涉及其他地区或者部门职权范围内的事项是否已经协商、会签，是否符合公文起草的其他要求。经初审不符合规定的公文，应当及时退回来文单位并说明理由。

（四）承办。阅知性公文应当根据公文内容、要求和工作需要确定范围后分送。批办性公文应当提出拟办意见报本机关负责人批示或者转有关部门办理；需要两个以上部门办理的，应当明确主办部门。紧急公文应当明确办理时限。承办部门对交办的公文应当及时办理，有明确办理时限要求的应当在规定时限内办理完毕。

（五）传阅。根据领导批示和工作需要将公文及时送传阅对象阅知或者批示。办理公文传阅应当随时掌握公文去向，不得漏传、误传、延误。

（六）催办。及时了解掌握公文的办理进展情况，督促承办部门按期办结。紧急公文或者重要公文应当由专人负责催办。

（七）答复。公文的办理结果应当及时答复来文单位，并根据需要告知相关单位。

第二十五条　发文办理主要程序是：

（一）复核。已经发文机关负责人签批的公文，印发前应当对公文的审批手续、内容、文种、格式等进行复核；需作实质性修改的，应当报原签批人复审。

（二）登记。对复核后的公文，应当确定发文字号、分送范围和印制份数并详细记载。

（三）印制。公文印制必须确保质量和时效。涉密公文应当在符合保密要求的场所印制。

（四）核发。公文印制完毕，应当对公文的文字、格式和印刷质量进行检查后分发。

第二十六条　涉密公文应当通过机要交通、邮政机要通信、城市机要文件交换站或者收发件机关机要收发人员进行传递，通过密码电报或者符合国家保密规定的计算机信息系统进行传输。

第二十七条　需要归档的公文及有关材料，应当根据有关档案法律法规以及机关档案管理规定，及时收集齐全、整理归档。两个以上机关联合办理的公文，原件由主办机关归档，相关机关保存复制件。机关负责人兼任其他机关职务的，在履行所兼职务过程中形成的公文，由其兼职机关归档。

第七章　公　文　管　理

第二十八条　各级党政机关应当建立健全本机关公文管理制度，确保管理严格规范，充分发挥公文效用。

第二十九条　党政机关公文由文秘部门或者专人统一管理。设立党委（党组）的县级以上单位应当建立机要保密室和机要阅文室，并按照有关保密规定配备工作人员和必要的安全保密设施设备。

第三十条　公文确定密级前，应当按照拟定的密级先行采取保密措施。确定密级后，应当按照所定密级严格管理。绝密级公文应当由专人管理。公文的密级需要变更或者解除的，由原确定密级的机关或者其上级机关决定。

第三十一条　公文的印发传达范围应当按照发文机关的要求执行；需要变更的，应当经发文机关批准。涉密公文公开发布前应当履行解密程序。公开发布的时间、形式和渠道，由发文机关确定。经批准公开发布的公文，同发文机关正式印发的公文具有同等效力。

第三十二条　复制、汇编机密级、秘密级公文，应当符合有关规定并经本机关负责人批准。绝密级公文一般不得复制、汇编，确有工作需要的，应当经发文机关或者其上级机关批准。复制、汇编的公文视同原件管理。复制件应当加盖复制机关戳记。翻印件应当注明翻印的机关名称、日期。汇编本的密级按照编入公文的最高密级标注。

第三十三条　公文的撤销和废止，由发文机关、上级机关或者权力机关根据职权范围和有关法律法规决定。公文被撤销的，视为自始无效；公文被废止的，视为自废止之日起失效。

第三十四条　涉密公文应当按照发文机关的要求和有关规定进行清退或者销毁。

第三十五条　不具备归档和保存价值的公文，经批准后可以销毁。销毁涉密公文必须严格按照有关规定履行审批登记手续，确保不丢失、不漏销。个人不得私自销毁、留存涉密公文。

第三十六条　机关合并时，全部公文应当随之合并管理；机关撤销时，需要归档的公文经整理后按照有关规定移交档案管理部门。

工作人员离岗离职时，所在机关应当督促其将暂存、借用的公文按照有关规定移交、清退。

第三十七条　新设立的机关应当向本级党委、政府的办公厅（室）提出发文立户申请。经审查符合条件的，列为发文单位，机关合并或者撤销时，相应进行调整。

第八章　附　　则

第三十八条　党政机关公文含电子公文。电子公文处理工作的具体办法另行制定。

第三十九条　法规、规章方面的公文，依照有关规定处理。外事方面的公文，依照外事主管部门的有关规定处理。

第四十条　其他机关和单位的公文处理工作，可以参照本条例执行。

第四十一条　本条例由中共中央办公厅、国务院办公厅负责解释。

第四十二条　本条例自 2012 年 7 月 1 日起施行。1996 年 5 月 3 日中共中央办公厅发布的《中国共产党机关公文处理条例》和 2000 年 8 月 24 日国务院发布的《国家行政机关公文处理办法》停止执行。

附录 2

党政机关公文格式（节选）

（GB/T 9704—2012）

1　范围

本标准规定了党政机关公文通用的纸张要求、排版和印制装订要求、公文格式各要素的编排规则，并给出了公文的式样。

本标准适用于各级党政机关制发的公文。其他机关和单位的公文可以参照执行。

使用少数民族文字印制的公文，其用纸、幅面尺寸及版面、印制等要求按照本标准执行，其余可以参照本标准并按照有关规定执行。

2　规范性引用文件

下列文件对于本标准的应用是必不可少的。凡是注日期的引用文件，仅所注日期的版本适用于本标准。凡是不注日期的引用文件，其最新版本（包括所有的修改单）适用于本标准。

GB/T 148　印刷、书写和绘图纸幅面尺寸

GB 3100　国际单位制及其应用

GB 3101　有关量、单位和符号的一般原则

GB 3102（所有部分）　量和单位

GB/T 15834　标点符号用法

GB/T 15835　出版物上数字用法

3　术语和定义

下列术语和定义适用于本标准。

3.1

字　word

标示公文中横向距离的长度单位。在本标准中，一字指一个汉字宽度的距离。

3.2

行 line

标示公文中纵向距离的长度单位。在本标准中，一行指一个汉字的高度加 3 号汉字高度的 7/8 的距离。

4 公文用纸主要技术指标

公文用纸一般使用纸张定量为 $60g/m^2 \sim 80g/m^2$ 的胶版印刷纸或复印纸。纸张白度 $80\% \sim 90\%$，横向耐折度 $\geqslant 15$ 次，不透明度 $\geqslant 85\%$，pH 值为 $7.5 \sim 9.5$。

5 公文用纸幅面尺寸及版面要求

5.1 幅面尺寸

公文用纸采用 GB/T 148 中规定的 A4 型纸，其成品幅面尺寸为：210mm×297mm。

5.2 版面

5.2.1 页边与版心尺寸

公文用纸天头（上白边）为 37mm±1mm，公文用纸订口（左白边）为 28mm±1mm，版心尺寸为 156mm×225mm。

5.2.2 字体和字号

如无特殊说明，公文格式各要素一般用 3 号仿宋体字。特定情况可以作适当调整。

5.2.3 行数和字数

一般每面排 22 行，每行排 28 个字，并撑满版心。特定情况可以作适当调整。

5.2.4 文字的颜色

如无特殊说明，公文中文字的颜色均为黑色。

6 印制装订要求

6.1 制版要求

版面干净无底灰，字迹清楚无断划，尺寸标准，版心不斜，误差不超过 1mm。

6.2 印刷要求

双面印刷；页码套正，两面误差不超过 2mm。黑色油墨应当达到色谱所标 BL100%，红色油墨应当达到色谱所标 Y80%、M80%。印品着墨实、均匀；字面不花、不白、无断划。

6.3 装订要求

公文应当左侧装订，不掉页，两页页码之间误差不超过 4mm，裁切后的成品尺寸允许误差±2mm，四角成 90°，无毛茬或缺损。

骑马订或平订的公文应当：

a）订位为两钉外订眼距版面上下边缘各 70mm 处，允许误差±4mm；

b）无坏钉、漏钉、重钉，钉脚平伏牢固；

c）骑马订钉锯均订在折缝线上，平订钉锯与书脊间的距离为 3mm～5mm。

包本装订公文的封皮（封面、书脊、封底）与书芯应吻合、包紧、包平、不脱落。

7 公文格式各要素编排规则

7.1 公文格式各要素的划分

本标准将版心内的公文格式各要素划分为版头、主体、版记三部分。公文首页红色分隔线以上的部分称为版头；公文首页红色分隔线（不含）以下、公文末页首条分隔线（不含）以上的部分称为主体；公文末页首条分隔线以下、末条分隔线以上的部分称为版记。

页码位于版心外。

7.2 版头

7.2.1 份号

如需标注份号，一般用 6 位 3 号阿拉伯数字，顶格编排在版心左上角第一行。

7.2.2 密级和保密期限

如需标注密级和保密期限，一般用 3 号黑体字，顶格编排在版心左上角第二行；保密期限中的数字用阿拉伯数字标注。

7.2.3 紧急程度

如需标注紧急程度，一般用 3 号黑体字，顶格编排在版心左上角；如需同时标注份号、密级和保密期限、紧急程度，按照份号、密级和保密期限、紧急程度的顺序自上而下分行排列。

7.2.4 发文机关标志

由发文机关全称或者规范化简称加"文件"二字组成，也可以使用发文机关全称或者规范化简称。

发文机关标志居中排布，上边缘至版心上边缘为 35mm，推荐使用小标宋体字，颜色为红色，以醒目、美观、庄重为原则。

联合行文时，如需同时标注联署发文机关名称，一般应当将主办机关名称排列在前；如有"文件"二字，应当置于发文机关名称右侧，以联署发文机关名称为准上下居中排布。

7.2.5 发文字号

编排在发文机关标志下空二行位置，居中排布。年份、发文顺序号用阿拉伯数字标注；年份应标全称，用六角括号"〔〕"括入；发文顺序号不加"第"字，不编虚位（即 1 不编为 01），在阿拉伯数字后加"号"字。

上行文的发文字号居左空一字编排，与最后一个签发人姓名处在同一行。

7.2.6　签发人

由"签发人"三字加全角冒号和签发人姓名组成，居右空一字，编排在发文机关标志下空二行位置。"签发人"三字用 3 号仿宋体字，签发人姓名用 3 号楷体字。

如有多个签发人，签发人姓名按照发文机关的排列顺序从左到右、自上而下依次均匀编排，一般每行排两个姓名，回行时与上一行第一个签发人姓名对齐。

7.2.7　版头中的分隔线

发文字号之下 4mm 处居中印一条与版心等宽的红色分隔线。

7.3　主体

7.3.1　标题

一般用 2 号小标宋体字，编排于红色分隔线下空二行位置，分一行或多行居中排布；回行时，要做到词意完整，排列对称，长短适宜，间距恰当，标题排列应当使用梯形或菱形。

7.3.2　主送机关

编排于标题下空一行位置，居左顶格，回行时仍顶格，最后一个机关名称后标全角冒号。如主送机关名称过多导致公文首页不能显示正文时，应当将主送机关名称移至版记，标注方法见 7.4.2。

7.3.3　正文

公文首页必须显示正文。一般用 3 号仿宋体字，编排于主送机关名称下一行，每个自然段左空二字，回行顶格。文中结构层次序数依次可以用"一、""（一）""1.""（1）"标注；一般第一层用黑体字、第二层用楷体字、第三层和第四层用仿宋体字标注。

7.3.4　附件说明

如有附件，在正文下空一行左空二字编排"附件"二字，后标全角冒号和附件名称。如有多个附件，使用阿拉伯数字标注附件顺序号（如"附件：1.×××××"）；附件名称后不加标点符号。附件名称较长需回行时，应当与上一行附件名称的首字对齐。

7.3.5　发文机关署名、成文日期和印章

7.3.5.1　加盖印章的公文

成文日期一般右空四字编排，印章用红色，不得出现空白印章。

单一机关行文时，一般在成文日期之上、以成文日期为准居中编排发文机关署名，印章端正、居中下压发文机关署名和成文日期，使发文机关署名和成文日期居印章中心偏下位置，印章顶端应当上距正文（或附件说明）一行之内。

联合行文时，一般将各发文机关署名按照发文机关顺序整齐排列在相应位置，并将印

章——对应、端正、居中下压发文机关署名，最后一个印章端正、居中下压发文机关署名和成文日期，印章之间排列整齐、互不相交或相切，每排印章两端不得超出版心，首排印章顶端应当上距正文（或附件说明）一行之内。

7.3.5.2　不加盖印章的公文

单一机关行文时，在正文（或附件说明）下空一行右空二字编排发文机关署名，在发文机关署名下一行编排成文日期，首字比发文机关署名首字右移二字，如成文日期长于发文机关署名，应当使成文日期右空二字编排，并相应增加发文机关署名右空字数。

联合行文时，应当先编排主办机关署名，其余发文机关署名依次向下编排。

7.3.5.3　加盖签发人签名章的公文

单一机关制发的公文加盖签发人签名章时，在正文（或附件说明）下空二行右空四字加盖签发人签名章，签名章左空二字标注签发人职务，以签名章为准上下居中排布。在签发人签名章下空一行右空四字编排成文日期。

联合行文时，应当先编排主办机关签发人职务、签名章，其余机关签发人职务、签名章依次向下编排，与主办机关签发人职务、签名章上下对齐；每行只编排一个机关的签发人职务、签名章；签发人职务应当标注全称。

签名章一般用红色。

7.3.5.4　成文日期中的数字

用阿拉伯数字将年、月、日标全，年份应标全称，月、日不编虚位（即 1 不编为 01）。

7.3.5.5　特殊情况说明

当公文排版后所剩空白处不能容下印章或签发人签名章、成文日期时，可以采取调整行距、字距的措施解决。

7.3.6　附注

如有附注，居左空二字加圆括号编排在成文日期下一行。

7.3.7　附件

附件应当另面编排，并在版记之前，与公文正文一起装订。"附件"二字及附件顺序号用 3 号黑体字顶格编排在版心左上角第一行。附件标题居中编排在版心第三行。附件顺序号和附件标题应当与附件说明的表述一致。附件格式要求同正文。

如附件与正文不能一起装订，应当在附件左上角第一行顶格编排公文的发文字号并在其后标注"附件"二字及附件顺序号。

7.4　版记

7.4.1　版记中的分隔线

版记中的分隔线与版心等宽，首条分隔线和末条分隔线用粗线（推荐高度为 0.35mm），中间的分隔线用细线（推荐高度为 0.25mm）。首条分隔线位于版记中第一个要素之上，末条分隔线与公文最后一面的版心下边缘重合。

7.4.2 抄送机关

　　如有抄送机关，一般用 4 号仿宋体字，在印发机关和印发日期之上一行、左右各空一字编排。"抄送"二字后加全角冒号和抄送机关名称，回行时与冒号后的首字对齐，最后一个抄送机关名称后标句号。

　　如需把主送机关移至版记，除将"抄送"二字改为"主送"外，编排方法同抄送机关。既有主送机关又有抄送机关时，应当将主送机关置于抄送机关之上一行，之间不加分隔线。

7.4.3 印发机关和印发日期

　　印发机关和印发日期一般用 4 号仿宋体字，编排在末条分隔线之上，印发机关左空一字，印发日期右空一字，用阿拉伯数字将年、月、日标全，年份应标全称，月、日不编虚位（即 1 不编为 01），后加"印发"二字。

　　版记中如有其他要素，应当将其与印发机关和印发日期用一条细分隔线隔开。

7.5　页码

　　一般用 4 号半角宋体阿拉伯数字，编排在公文版心下边缘之下，数字左右各放一条一字线；一字线上距版心下边缘 7mm。单页码居右空一字，双页码居左空一字。公文的版记页前有空白页的，空白页和版记页均不编排页码。公文的附件与正文一起装订时，页码应当连续编排。

8　公文中的横排表格

　　A4 纸型的表格横排时，页码位置与公文其他页码保持一致，单页码表头在订口一边，双页码表头在切口一边。

9　公文中计量单位、标点符号和数字的用法

　　公文中计量单位的用法应当符合 GB 3100、GB 3101 和 GB 3102（所有部分），标点符号的用法应当符合 GB/T 15834，数字用法应当符合 GB/T 15835。

10　公文的特定格式

10.1　信函格式

　　发文机关标志使用发文机关全称或者规范化简称，居中排布，上边缘至上页边为 30mm，推荐使用红色小标宋体字。联合行文时，使用主办机关标志。

　　发文机关标志下 4mm 处印一条红色双线（上粗下细），距下页边 20mm 处印一条红色

双线（上细下粗），线长均为 170mm，居中排布。

如需标注份号、密级和保密期限、紧急程度，应当顶格居版心左边缘编排在第一条红色双线下，按照份号、密级和保密期限、紧急程度的顺序自上而下分行排列，第一个要素与该线的距离为 3 号汉字高度的 7/8。

发文字号顶格居版心右边缘编排在第一条红色双线下，与该线的距离为 3 号汉字高度的 7/8。

标题居中编排，与其上最后一个要素相距二行。

第二条红色双线上一行如有文字，与该线的距离为 3 号汉字高度的 7/8。

首页不显示页码。

版记不加印发机关和印发日期、分隔线，位于公文最后一面版心内最下方。

10.2　命令（令）格式

发文机关标志由发文机关全称加"命令"或"令"字组成，居中排布，上边缘至版心上边缘为 20mm，推荐使用红色小标宋体字。

发文机关标志下空二行居中编排令号，令号下空二行编排正文。

签发人职务、签名章和成文日期的编排见 7.3.5.3。

10.3　纪要格式

纪要标志由"×××××纪要"组成，居中排布，上边缘至版心上边缘为 35mm，推荐使用红色小标宋体字。

标注出席人员名单，一般用 3 号黑体字，在正文或附件说明下空一行左空二字编排"出席"二字，后标全角冒号，冒号后用 3 号仿宋体字标注出席人单位、姓名，回行时与冒号后的首字对齐。

标注请假和列席人员名单，除依次另起一行并将"出席"二字改为"请假"或"列席"外，编排方法同出席人员名单。

纪要格式可以根据实际制定。

附录 3

国家电网公司公文处理办法

（国家电网办〔2012〕1000 号）

第一章　总　　则

第一条　为加强国家电网公司（以下简称公司）公文处理工作的规范化、制度化和标准化建设，不断提升公文处理的质量和效率，更好地服务公司科学发展，根据《党政机关公文处理工作条例》（中办发〔2012〕14 号）、《党政机关公文格式》（中华人民共和国国家标准 GB/T 9704—2012）等有关要求，结合公司实际，特制定本办法。

第二条　公司各类公文（包括电报、签报，下同），是公司在管理过程中形成的具有特定效力和规范体式的文书，是传达贯彻党和国家方针政策，发布规章制度，指导、布置和商洽工作，请示和答复问题，报告、通报和交流情况等的重要工具。

第三条　公文处理工作是指公文拟制、办理、管理等一系列相互关联、衔接有序的工作。

第四条　公文处理工作应当坚持实事求是、准确规范、精简高效、安全保密的原则。

第五条　公文处理必须严格执行国家保密法律、法规和公司保密制度，确保国家秘密和企业秘密安全。

第六条　办公厅是公司负责公文处理的职能部门，负责归口处理公司公文，并对总部各部门、各分部、公司各单位的公文处理工作进行管理和指导。

第七条　总部各部门、各分部和公司各单位应当配备专职人员或设立文秘部门负责公文处理工作。

第二章　公文种类和形式

第八条　公司常用公文文种主要包括：

（一）决定。适用于对重要事项作出决策和部署、奖惩有关单位和人员、变更或撤销下级单位不适当的决定事项。

（二）命令（令）。适用于宣布施行重大措施、嘉奖有关单位和人员。

（三）意见。适用于对重要问题提出见解和处理办法。

（四）通知。适用于发布、传达要求下级单位执行和有关单位周知或执行的事项，批转、转发公文。

（五）通报。适用于表彰先进、批评错误、传达重要信息或情况。

（六）报告。适用于向上级单位汇报工作、反映情况，答复上级单位的询问或交办事项、上报有关材料等。

（七）请示。适用于向上级单位请求指示、批准。

（八）批复。适用于答复下级单位请示事项。

（九）函。适用于不相隶属单位之间商洽工作、询问和答复问题、请求批准和答复审批事项。

（十）纪要。适用于记载会议主要情况和议定事项。

第九条 按照发文单位不同，公司常用公文主要包括以下几类：

（一）国家电网公司党组公文，简称"公司党组公文"。以国家电网公司党组为发文单位，由公司党组负责人签发，加盖公司党组印章。

（二）国家电网公司公文，简称"公司公文"。以国家电网公司为发文单位，由公司领导签发，加盖公司印章。

（三）中央纪委驻国家电网公司纪检组公文，简称"驻公司纪检组公文"。一般以驻公司纪检组与公司监察局联合行文方式发文，由驻公司纪检组组长签发，加盖驻公司纪检组印章及公司监察局印章。

（四）国家电网公司办公厅公文，简称"办公厅公文"。以国家电网公司办公厅为发文单位，由公司领导或办公厅主任签发，加盖公司办公厅印章。

（五）国家电网公司总部部门公文，简称"总部部门公文"。以国家电网公司总部部门（办公厅除外）为发文单位，由部门领导签发，加盖部门印章。

（六）国家电网公司分部党组公文，简称"分部党组公文"。以国家电网公司分部党组作为发文单位，由分部党组负责人签发，加盖分部党组印章。

（七）国家电网公司分部公文，简称"分部公文"。以国家电网公司分部作为发文单位，由分部领导签发，加盖分部印章。

（八）国家电网公司各单位党组（委）公文，简称"各单位党组（委）公文"。以国家电网公司各单位党组（委）作为发文单位，由各单位党组（委）负责人签发，加盖各单位党组（委）印章。

（九）国家电网公司各单位公文，简称"各单位公文"。以国家电网公司各单位作为发文单位，由各单位领导签发，加盖各单位印章。

（十）其他公文。包括公司直属党委公文、工会公文、团委公文，各分部及公司各单位纪检组（纪委）公文、直属机关党委公文、工会公文、团委公文，各分部及公司各单位办公室公文、本部部门公文、下属单位各类公文等。

第十条　公司系统常用各类公文主要包括以下四种形式：

（一）文件式公文。适用于重要公文以及普发性公文。

（二）信函式公文。适用于一般性且非普发性公文，主要用于上级单位对下级单位，或两个不相隶属的单位之间使用。

（三）便函式公文。适用于临时性事务行文，用印但不编文号。

（四）特殊形式公文。如：适用于印发纪要的办公通报，适用于印发领导讲话的内部情况通报，适用于公司内部向领导请示和报告工作、反映情况、答复询问和对重要事项提出建议及处理办法的签报等。

第三章　公　文　格　式

第十一条　公文一般由份号、密级和保密期限、紧急程度、发文单位标志、发文字号、签发人、标题、主送单位、正文、附件说明、发文单位署名、成文日期、印章、附注、附件、版记、页码等组成。

（一）份号。公文印制份数的顺序号。涉及国家秘密的公文应该标注份号。

（二）密级和保密期限。公文的秘密等级和保密的期限。涉及国家秘密、公司商业秘密和工作秘密的公文，应根据涉密程度标注密级和保密期限。

1. 国家秘密的密级包括"绝密"、"机密"、"秘密"，保密期限使用阿拉伯数字标注，如"秘密★1年"，保密期限与国家相关保密规定最长期限一致的，可不标注。

2. 商业秘密的密级包括"商密一级"、"商密二级"，保密期限使用阿拉伯数字标注，如"商密一级·1年"，保密期限与公司相关保密规定期限一致的，可不标注。

3. 涉及工作秘密的公文标注为"内部事项"，保密期限标注方式与商业秘密相同。

（三）紧急程度。公文送达和办理的时限要求。根据紧急程度，紧急公文应当分别标注"特急"、"加急"，电报应当分别标注"特提"、"特急"、"加急"、"平急"。

标注"特急"的公文，应在3个工作日内办毕；标注"加急"的公文，应在5个工作日内办毕。

标注"特提"的电报，应随到随办；标注"特急"的电报，应在3个工作日内办毕；标注"加急"的电报，应在5个工作日内办毕；标注"平急"的电报，应在7个工作日内办毕。

发文单位对紧急公文有明确办理时限要求的，以要求的时限为准。

（四）发文单位标志。文件式公文的发文单位标志由发文单位全称或者规范化简称加"文件"二字组成，其他形式的公文可省略"文件"二字。联合行文时，发文单位标志可以并用联合发文单位名称，也可单独使用主办单位名称。

（五）发文字号。由发文单位代字、年份、发文顺序号组成。联合行文时，使用主办单位发文字号。

（六）签发人。上行文应当标注签发人姓名。多单位联合制发的上行文，应标注所有联合发文单位的签发人姓名，其中主办单位签发人的姓名放在第一位。

（七）标题。由发文单位名称、事由和文种组成。发文单位名称可用发文单位全称或规范化简称。公文标题一般不使用标点符号，仅在特定情况下可以使用引号、括号、顿号、书名号、破折号等。

（八）主送单位。公文的主要受理单位，应当使用单位全称、规范化简称或标准化统称。

（九）正文。公文的主体，用来表述公文的内容。

1. 公文首页必须显示正文。主送单位过多导致首页无法显示正文时，应将主送单位移至版记。

2. 公文用语应使用规范汉语表述。需要使用外国语言文字的，应在文中首次出现时以括注形式标注准确的汉语注释。民族自治地方的公文，可以并用汉字和当地通用的少数民族文字。

3. 公文中未经注释，不得使用非规范化简称及缩略语。

4. 公文中出现的数字、标点符号、计量单位等，应严格按照国家标准书写、使用。

5. 正文的结构层次，一般不超过四层，层级序数依次按照"一、"、"（一）"、"1."、"（1）"标注，其中第一层使用黑体字，第二层使用楷体字，第三层和第四层使用仿宋体字。当公文结构层次只有两层时，第二层序号可使用"（一）"或"1."。

（十）附件说明。公文如有附件，应标注附件说明。附件说明应包括附件顺序号（阿拉伯数字）及附件名称，附件只有一个时，不编顺序号。

（十一）发文单位署名。公文应当标注发文单位署名，使用发文单位全称或规范化简称。联合发文的所有发文单位均应依序逐一署名。

特殊文种如"纪要"、"命令（令）"，特殊公文形式如"办公通报"、"内部情况通报"等，不署发文单位名称。

（十二）成文日期。公文应当标注成文日期，署会议通过或领导签发的日期。联合发文时，署最后签发单位的签发日期。日期中的数字使用阿拉伯数字，不编虚数。

（十三）印章。公文有发文单位署名的，应当加盖发文单位印章，并与署名单位相符。"命令（令）"应当加盖签发人签名章。

特殊文种如"纪要"，特殊公文形式如"办公通报"、"内部情况通报"，不加盖印章。

（十四）附注。上行文应在附注处注明联系人及联系方式。下行文应在附注处注明印发传达范围。

（十五）附件。公文正文的说明、补充或参考资料。附件与正文具有同等效力，应在版记之前编排，并与正文一起装订，格式、文字等要求与正文相同。特殊情况下附件不与正文一起装订，需要另发的，应在附件说明处标注。

批转、转发、印发类公文，被批转、转发、印发的内容不按附件处理，在公文正文中不加附件说明，直接在正文后另页编排，首页不标注"附件"及顺序号。

（十六）版记。版记一般包括分隔线、抄送单位、印发机关和印发日期等。

抄送单位指除主送单位外需要执行或知晓公文内容的其他单位，应当使用单位全称、规范化简称或标准化统称。

印发机关指公文的印制主管部门，一般为发文单位的办公厅（室）或文秘部门；发文单位没有专门文秘部门的，发文单位即为印发机关。印发日期即为公文的送印日期。

信函式公文的版记不标注分隔线、印发机关和印发日期。如有抄送单位，以及特殊情况下需在版记处标注主送单位时，标注抄送单位、主送单位，标注方式同文件式公文。

（十七）页码。公文页数顺序号。公文的附件与正文一起装订时，页码应当连续编排。信函式公文首页编排但不显示页码，从第二页开始标注。

第十二条　公文的版式按照《党政机关公文格式》（GB/T 9704—2012）及公司相关要求执行。

第四章　行　文　规　则

第十三条　行文应当确有必要，讲求实效，注重针对性和可操作性。

凡党和国家的法规、法律已有明确规定的，不得再制发文件。凡现行文件规定仍然适用的，不得再发文。

第十四条　行文关系依据隶属关系和职权范围确定。

除党政联合行文等特殊情况外，原则上不得党、政交叉行文。

公文应按照行政隶属或业务管辖关系逐级行文，特殊情况下必须越级行文时，应抄送被越过的单位。

第十五条　同级或不相隶属的单位可联合行文。联合行文应明确主办单位。上下级单位不得联合行文。同一单位内的不同部门原则上不联合行文。

第十六条　向上级单位行文时，应遵循以下规则：

（一）原则上主送一个上级单位，根据需要可同时抄送相关上级单位和同级单位，但不得抄送下级单位。

（二）文种可使用"请示"、"报告"或"意见"。

（三）"请示"应一文一事。下级单位报来的请示事项，如需以本单位名义向上级单位请示，应当提出倾向性意见，不得原文转报。

"报告"不得夹带请示事项。

（四）除领导直接交办事项外，不得以本单位名义向上级单位领导报送公文，不得以个人名义向上级单位报送公文。

第十七条　向平级或不相隶属的单位行文时，应遵循以下规则：

（一）公司系统内平级或不相隶属的单位之间的重要行文，应抄送共同的上级单位。

（二）文种可使用"函"、"意见"或"纪要"。

（三）同一单位的部门之间，一般不相互行文，可通过工作联系单或使用协同办公系统中的"任务协作"功能等方式商洽工作。

第十八条　向下级单位行文时，应遵循以下规则：

（一）对本单位所属下级单位的重要行文，应抄送本单位的上级单位。

（二）文种可使用"决定"、"命令（令）"、"通知"、"通报"、"批复"、"意见"或"纪要"。

（三）未经本单位批准，部门不得以部门文件向下级单位发布指示（令）性公文，不得要求下级单位转发其所发公文。

第十九条　除上级单位或领导有明确指示外，原则上禁止转发上级公文。确需转发的文件，应严格按照来文注明的印发传达范围转发。

第二十条　公司主要公文类型行文规则如下：

（一）"公司党组公文"。对内适用于就党的重大、全局性事项，向总部各部门党组织、各分部及公司各单位党组（委）行文。对外适用于就党的重大事项向上级党组织，以及与公司党组不相隶属的党组织行文。

（二）"公司公文"。对内适用于就公司重大、全局性事项，向总部各部门、各分部及公司各单位行文。对外适用于就重大事项，向公司上级单位或与公司不相隶属的单位行文。

（三）"驻公司纪检组公文"。对内适用于就党风廉政建设重大事项，向总部各部门党组织、各分部及公司各单位党组（委）、纪检组（纪委）行文，以及按上级要求转发中央纪委、国资委纪委等重要来文。对外适用于就党风廉政建设方面的重大事项，向中央纪委、国资委纪委等上级纪检组织行文。

（四）"办公厅公文"。对内适用于就公司较为重大的综合性事项，向总部各部门、各分部及公司各单位行文。对外适用于就较为重大的综合性事项，向上级单位办公厅（室）或与公司不相隶属的单位及其办公厅（室）行文。

（五）"总部部门公文"。适用于就部门职权范围内事项向各分部、公司各单位行文，具有专项管理职能的部门可在其业务范围内对其他总部部门行文。总部部门公文不得用于对系统外单位行文。

（六）"分部党组公文"。适用于向公司党组，各分部及公司各单位党组（委），以及分部内设处室党组织、下属单位党组织行文，不得对系统外党组织行文。

（七）"分部公文"。适用于向总部各部门、各分部、公司各单位，以及分部内设处室、下属单位行文，不得对系统外单位行文。

（八）"各单位党组（委）公文"。对内适用于向国家电网公司党组、公司直属党委，各分部及各单位党组（委），以及本单位所属各部门（单位）党组织行文。对外适用于就本单位党务事项向地方党委等相关党组织行文。

（九）"各单位公文"。对内适用于向国家电网公司、总部各部门、各分部、公司各单位，以及本单位本部门、下属单位行文。对外适用于就本单位相关业务向地方政府、企（事）业单位等行文。

（十）"其他公文"。由总部有关部门、各分部及公司各单位根据本办法自行制定相关规则。

第五章 发 文 办 理

第二十一条 发文办理指制发公文的过程。包括起草、会签、审核、签发、缮印、用印、登记、核发等程序。

第二十二条 除涉及国家秘密的公文外，公司各类公文均应在公司协同办公系统上完成发文办理工作。涉及商业秘密、工作秘密的公文，可以使用公司公文安全传输系统进行联网分发。

第二十三条 涉及国家秘密的公文以纸质文件流转、分发，使用专用保密设备拟稿、排版、打印，手工用印后，可通过机要交通、邮政机要通信、城市机要文件交换站或单位机要收发人员进行传递，也可通过密码电报、普通密码传真系统（仅限发送机密级和秘密级文件）或符合国家保密规定的计算机信息系统进行传输。

第二十四条 公文起草应做到：

（一）符合国家法律法规和党的路线方针政策，贯彻公司重大决策部署，完整准确体现发文单位意图；

（二）一切从实际出发，所提政策措施和方法切实可行；

（三）内容简洁，主题突出，观点鲜明，结构严谨，表述准确，文字精炼；

（四）文种正确，公文形式恰当，格式规范；

（五）深入调查研究，充分进行论证，广泛听取意见。

第二十五条 涉及其他部门职权范围内的事项时，公文主办部门应事先征求相关部门意见，取得一致意见后方可正式行文。如不能取得一致意见，主办部门应及时将相关意见报本单位领导裁定。

第二十六条 公文起草完毕后，拟稿部门应进行审核；需报送本单位领导签发的，还应由办公厅（室）复核。

（一）拟稿部门审核重点

1. 格式内容。包括密级及紧急程度的确定和标注，文种、公文形式、主（抄）送单位、体例格式、文字表述、标点符号等内容是否正确，专业术语是否规范，专业数据是否准确；

2. 相关流程。包括应会签部门有无遗漏，会签部门领导是否核签，对会签意见是否达成一致等。

（二）办公厅（室）复核重点

1. 公文内容是否符合党和国家的法律法规及重要方针政策；

2. 公文主旨是否与公司重大决策部署一致，相关表述是否完整、准确；

3. 所涉事项是否超出拟稿部门权限，应当会签其他部门的是否已履行会签程序并取得一致意见；

4. 公文的主（抄）送单位、体例格式、文种、公文形式等是否正确；

5. 内容是否精练；

6. 附件是否齐全、准确等。

第二十七条 公文在报领导签发前，拟稿部门应按照办公厅（室）复核意见对公文进行修改。对审核意见存在异议的，应主动与办公厅（室）进行沟通协商，未达成一致意见前，不得越过办公厅（室）违规报送领导签发。

第二十八条 公文应由发文单位领导审批签发。重要上行文应由本单位主要领导签发；平行文及下行文，可由本单位相关业务分管领导签发。签发人签批公文，应当签署意见、姓名和完整日期；圈阅或者签名的，视为同意。

"内部情况通报"由讲话领导签发。

"办公通报"由主持会议的领导签发。

第二十九条 已经签批的公文正式印发前，主办部门应对公文的审批手续、内容、文种、格式等进行印前检查和校核，需作实质性修改的，应当报签批人复审。

第三十条 需以纸质文件印发的公文，必须确保印制的质量和时效。分发前，公文管理部门应当对公文的文字、格式和印制质量进行检查、确认。

第三十一条 涉密公文应在符合保密要求的场所印制。涉密公文分发前应对公文的发文字号、分送范围及对象、印制份数及编号等进行登记。

第六章 收 文 办 理

第三十二条 收文办理指对收到文件的办理过程，包括签收、登记、审核、拟办、批办、承办、催办等程序。

第三十三条 文秘部门负责收文签收。非国家秘密纸质文件应扫描为电子文件。

（一）协同办公系统收文，工作日当日完成文件签收；非工作日，紧急文件随到随收，一般文件应在下一工作日内完成签收。

（二）纸质收文由文秘部门检查、核对来文单位、件数、密封情况，确认无误后签收。参会带回的会议文件，应交文秘部门作收文处理。

第三十四条 收文登记应采用统一编号。涉及国家秘密和有特殊要求的文件，单独编号，纸质流转。

第三十五条 文秘部门应当对收文进行审核。审核重点是：是否应由本单位办理；是否符合行文规则；文种使用、公文格式是否规范；内容是否准确恰当。

第三十六条 经审核通过的公文，文秘部门应当及时提出拟办意见，送领导批示或交有关部门办理。需要两个及以上部门办理的应明确主办部门，紧急公文应当明确办理时限。对审核未通过的公文，应退回来文单位并说明理由。

第三十七条 批办公文时，对有具体请示事项的，主批人应当明确签署意见、姓名和审批日期，其他审批人圈阅视为同意；没有请示事项的，圈阅表示已阅知。

第三十八条 承办部门收到公文后应及时办理，不得延误、推诿。紧急公文应当按时限要求办理，确有困难无法按时办毕的，应说明原因。重要或有领导明确批示的公文，要先经部门领导阅批，再交承办人办理或传阅。对不属于职权范围内或不宜由本部门办理的，应及时退回文秘部门并说明理由。

第三十九条 收文办理中如遇涉及其他部门职权的事项，主办部门应主动与有关部门协商，仍不能取得一致意见时，应报请本单位主管领导裁定。

第四十条 送领导批示或者交有关部门办理的重要紧急公文，文秘部门要负责催办，做到紧急公文跟踪催办，重要公文重点催办，及时了解办理进展情况，督促承办部门按时办结。

第七章 公 文 归 档

第四十一条 公文办理完毕后，应当根据《中华人民共和国档案法》和公司有关规定，及时整理归档。

个人不得保存应归档的公文。

第四十二条 归档范围内的公文，应当遵循形成规律，保持有机联系，区分不同价值，以件为单位进行装订、分类、排列、编号、装盒和编目。要保证归档公文的齐全完整，能正确反映本单位（部门）主要工作情况，便于保管和利用。

第四十三条 联合办理的公文，主办单位（部门）负责整理、归档原件，协办单位（部门）保存公文复制件或其他形式副本。

第四十四条 兼任其他单位（部门）职务，在履行所兼职务职责过程中形成的公文，由兼职单位（部门）归档。

第四十五条 具有永久或定期（30 年）保存价值的电子文件，须将电子文件与相应的纸质文件一并归档。未制成纸质文件的，必须制成纸质文件。

第八章 公 文 管 理

第四十六条 公文由文秘部门或专职人员统一管理。机要文件管理，应按有关保密规定配备工作人员和必要的工作场所、安全保密设施设备。

第四十七条 公文确定密级前，应当按照拟定的密级先行采取保密措施。确定密级后，应当按照所定密级严格管理。绝密级公文应当由专人管理。公文的密级需要变更或解除的，由原确定密级的单位或其上级单位决定。

第四十八条 涉密公文应严格按照保密规定进行复制、汇编。绝密级公文未经发文单位或其上级单位批准，不得复制、汇编。机密级、秘密级公文，经本单位领导批准后，可按照相关保密规定进行复制、汇编。

复制、汇编的公文视同原件管理。复制件应当加盖复制单位戳记。翻印件应当注明翻印的单位名称、日期。汇编本的密级按照编入公文的最高密级标注。

公文复印件作为正式公文使用时，应当加盖复印单位证明章。

第四十九条 公文的印发传达范围应当按照发文单位的要求执行；需要变更的，应当经发文单位批准。

第五十条 经批准公开发布的公文，同发文单位正式印发的公文具有同等效力。涉密公文公开发布前应当履行解密程序，公开发布的时间、形式、渠道由发文单位确定。

第五十一条 公文被撤销和废止，由发文单位、上级单位或相关权力部门根据职权范围和有关法律法规决定。公文被撤销的，视为自始无效；公文被废止的，视为自废止之日起失效。

第五十二条 不具备归档和保存价值的公文，经鉴定和主管领导批准后，可以销毁。

第五十三条 涉密公文应当按照发文单位要求和有关规定进行清退或销毁。销毁涉密公文必须严格按照有关规定履行审批登记手续，应当到指定场所由 2 人以上监销，确保不丢失、不漏销。个人不得私自销毁、存留涉密公文。

第五十四条 单位（部门）合并时，全部公文应当随之合并管理。单位（部门）撤销时，需要归档的公文经整理后应按有关规定移交档案管理部门。工作人员离岗离职时，所在单位应当督促其将暂存、借用的公文按照有关规定移交、清退、归档。

第五十五条 新设立的单位（党组织）应当向上级党组（委）、单位的办公厅（室）提出发文立户申请。经审查符合条件的，列为发文单位，单位（党组织）合并或撤销时，相应进行调整。

第五十六条 电报由办公厅（室）指定人员签收，集中分办、管理，注明"亲收"的"绝密"和指人译电报，必须由收电人或收电人指定的人亲自启封；发电由公司（部门）领导签发后，统一登记发出。

第五十七条 草拟发电稿，应坚持一事一电、密来密复、明来明复的原则，不得明密混用。做到主旨清晰，内容准确，简明扼要。

第五十八条 密码电报是采用密码加密译发的公文。其使用和管理按照有关规定执行。

第九章　附　　则

第五十九条 公司各类公文含电子公文。电子公文处理工作的具体办法另行制定。

第六十条 涉及规章制度、企业标准方面的公文，依照公司有关规定处理。外事方面的公文，按照外事主管部门的有关规定办理。

第六十一条 本办法适用于公司总部、各分部、公司各单位的公文处理工作。

第六十二条 本办法由国家电网公司办公厅负责解释并监督执行，自发布之日起施行。原《国家电网公司公文处理办法》（国家电网办〔2011〕1265 号）同时废止。

附录 4

国家电网公司签报管理办法

（办文档〔2005〕84 号）

第一章 总 则

第一条 为规范公司签报管理，根据《国家电网公司公文处理办法》，制定本办法。

第二条 签报是总部各部门向公司领导请示和报告工作、反映情况、答复询问和对重要事项提出建议及处理办法的一种文件形式，是在工作活动中形成的具有规范体式，且具有处理事务、决定事项的依据性文书。

第三条 签报作为公司内部文件，只在公司总部运转、使用，不得转出。

第四条 签报管理是指签报的审核、登记、呈送、批阅、办理（再送批、传阅、分发、复印）、归档等一系列相互关联、衔接有序的工作。

办公厅为总部签报的管理部门。各部门综合处负责本部门签报的管理。

第二章 签报的适用范围、格式

第五条 签报分为呈报类和呈批类。

向公司领导汇报工作、反映情况、答复询问使用呈报类签报。呈报类签报不得夹带请示事项。

向公司领导请求指示和批准时使用呈批类签报。呈批类签报应一事一报，需要请示的问题应明确。

第六条 各部门应按工作职责主动负责处理属于部门决定的事项。涉及下列事项可以签报请示。

（一）部门职责权限之外需要明确的工作。

（二）执行公司有关决定事项过程中需要公司领导明确的问题。

（三）比较重大、需要主管领导审核后提交党组会和总经理办公会议等研究、讨论的问题。

第七条 下列事项不能以签报请示。

（一）部门职责范围内的工作。

（二）应当以党组会和总经理办公会议等研究决定的事项。

（三）送签有关文件需要向公司领导报告文件起草和办理过程、有关事项背景、文件办理依据及办理意见等时，应通过办文说明反映，一般不使用签报。

（四）公司各单位向总部请示报告工作一律采用文件报送，不使用签报。

第八条 签报由签报类别、标题、主送、请示汇报事项提要、正文、附件、主办部门、部局编号、拟稿人（拟稿人电话）、起草日期、紧急程度、查询级别、密级、页数、分类号、保管期限、签发人、签发日期、会签部门、会签人、文档处审核、签报编号、备注等组成。

（一）签报标题应当准确简要地概括签报的主要内容和签报种类，呈报类签报一般使用报告、汇报；呈批类签报一般使用请示或建议。除法规、规章名称加书名号外，一般不用标点符号。

（二）签报一般应送主管领导阅批，签报内容如涉及其他领导分管的事项，按照主管领导在前，其他领导在后的顺序报送。

（三）签报如有附件，应当注明附件顺序和名称，纸制附件应扫描后随正文一起通过办公自动化系统运转。

（四）紧急签报应当根据紧急程度分别标明"急"、"加急"、"特急"。

（五）签报应注明页数，附件页数也应一并计入。

（六）签报应根据其反映的内容、重要程度、保存价值等注明保管期限。5～15年（含）为短期，15～50年（含）为长期，50年以上为永久。

第三章　签报报送流程、规则

第九条 签报由承办人起草，部门主任签发（会签），部门秘书送办公厅审核、编号后呈送公司领导。需要会签有关部门的签报，由各部门会签完毕后送办公厅。

第十条 签报送领导同志阅批前，需经办公厅审核、编号。审核的重点是：是否确需行签报，方式是否妥当，附件是否齐全，格式是否符合本办法规定，签发手续是否完备，是否已会签相关部门等。

第十一条 经审核符合本办法规定的签报，由办公厅编号后送有关领导阅批。对不符合本办法规定的签报，由办公厅填写《签报退文单》并连同原件退承办部门秘书。

第十二条 签报均应通过办公自动化系统运转报送，因特殊情况需使用纸质签报报送时，也应通过办公自动化系统将相关信息录入后，经办公厅编号后呈送，任何部门和个人不得自行传递。对不符合规定程序要求的签报，公司领导秘书和文秘人员应不予受理。

第十三条 涉及两个及两个以上部门的事项，主办部门必须会签各相关部门，有分歧意见时应事先协调，以取得共识。经协商不能取得一致意见的，要如实写明各自的不同意见。

第十四条 办公厅将定期对签报的报送情况进行通报。

第四章 签 报 批 阅

第十五条 签报批阅是公司领导对签报事项知悉或是否同意请示事项的书面答复，属于决策性活动。

呈报类签报领导圈阅表示已阅知，不表明同意签报中夹带的请示事项。呈批类签报主批人应当明确签署意见，其他审批人圈阅视为同意主批人意见。

第十六条 批阅签报要根据职权范围和授权权限签批，不得越权签批。签报中涉及的重大请示事项应经公司党组和总经理办公会议研究讨论。

第十七条 签批应针对签报内容，用语简练，意见明确具体，前后一致。不能使用模棱两可、似是而非的用语。

呈批类签报涉及两个以上部门共同办理的事项，批阅时要指定牵头的单位。

第五章 签报办理、归档

第十八条 经公司领导阅批（传阅）后的签报，由办公厅负责将领导批示意见转签报主办部门和有关部门，原件退主办部门。办公厅保存签报批示页复印件备查。

第十九条 签报办理完毕后，由承办部门负责将签报原件与有关材料（包括音像制品）一起整理归档。

个人不得保存应当归档的签报。

第六章 附 则

第二十条 本办法自印发之日起执行。《国家电网公司签报管理办法（试行）》同时废止。

第二十一条 本办法由办公厅负责解释。

附录5

国家电网公司关于进一步加强签报管理的意见

（办文档〔2009〕27号）

为切实解决当前签报工作中存在的问题，进一步优化决策流程，提高工作效率，根据《国家电网公司签报管理办法》（办文档〔2005〕84号），就进一步加强签报管理提出并重申如下意见：

一、进一步明确签报使用范围

签报是总部各部门向公司领导请示和报告工作、反映情况、答复询问和对重要事项提出建议及处理办法的一种文件形式，是在工作活动中形成的具有规范体式，处理事务、决定一般事项的依据性文书。签报不能代替应当以党组会和总经理办公会研究决策的事项。

签报分为呈报类和呈批类签报。呈报类签报主要用于报告重要情况。呈批类签报主要用于明确工作原则，协调解决问题，提出工作建议，一般事项请示等。

各部门应按工作职责主动负责处理属于部门决定的事项，严格签报报送事项，避免事无巨细都签报领导或以签报代替领导集体决策。下列事项不需以签报请示。

（一）部门职责范围内的工作。

（二）须由党组会或总经理办公会议集体研究决策的事项。

（三）办理有关文件需要向公司领导报告有关情况时，应通过办文说明反映，一般不使用签报。

（四）请示汇报同一项工作，尽量避免往返多次签报。

二、进一步规范签报内容

起草签报必须做到简明扼要，重点突出，文字简练，语句通畅。正文文字一般控制在800字以内，取消"请示汇报事项提要"。必要的背景材料可作为附件，附件除制成品外，均应以要点式、结构化格式组织文字，附件中不得夹带请示事项。签报附件的纸质件由主办部门随电子件送办公厅。

呈批类签报应一事一报，需要领导批示的事项明确，表述集中，并以粗体标示（见附件）。呈报类签报不得夹带请示事项。

三、进一步规范签报报送程序

除涉及授权事宜的签报应送分管法律工作的领导和主要领导、涉及财务事宜的签报应送分管财务工作的领导等有明确规定的情况外，各部门签报原则上按领导职责分工只送分管领导阅批，由公司分管领导决定是否需要报送其他领导。签报内容如涉及其他领导负责的事项，按照分管领导在前，其他领导在后的顺序报送。后续领导的批示意见，由经办领导的秘书负责向经办领导反馈。

四、进一步规范签报运转流程

签报报送的一般程序为：承办人起草→部门主任签发→有关部门会签→办公厅审核、编号后呈送有关公司领导阅批。对不符合规定程序的签报，办公厅文档处和公司领导秘书不予受理。

办公厅审核签报的重点是：是否确需行签报，方式是否妥当，附件是否齐全，格式是否符合规定，签发手续是否完备，是否已会签相关部门等。

签报均应通过协同办公系统运转报送（人事、监察、审计等特殊事项的签报除外）。因特殊情况需使用纸质签报运转报送时，也必须通过协同办公系统录入相关信息后，经办公厅审核、编号后呈送。

经公司领导批阅后的签报，由办公厅负责将领导批示意见转签报主办部门和有关部门，签报原件退回主办部门，由主办部门负责将签报整理归档，个人不得保存应当归档的签报。办公厅保存签报批示页复印件备查。

五、进一步加强签报的管理和检查

办公厅将依据《国家电网公司签报管理办法》和本意见的要求，加强对签报运转各环节的管理。对存在的问题及时进行纠正，对出现的新情况及时提出处理意见，对带有普遍性的问题及时进行通报。

各部门要把好签报起草和审核关，提高签报质量，减少签报数量，为加强总部建设、促进公司工作更加高效作出应有努力。

附件：

【呈批类签报示例】

关于×××××××××的请示

××：

×××。

×××××××××××（请示事项加粗）

×××。

妥否，请示。

附件：1. ××××××××××××
　　　 2. ××××××××××××

二〇××年××月××日

【呈报类签报示例】

关于×××××××××的报告

××：

　　×××。

　　××。

　　特此报告。

　　附件：1. ××××××××××××

　　　　　2. ××××××××××××

二○××年××月××日

附录 6

关于加强散件管理工作的通知

（办秘〔2012〕128 号）

总部各部门、各分部：

近年来，各部门（分部、单位）直接呈报公司领导的散件（也称呈报件）快速增长。但在散件运转中存在着数量过多、流转标准不一、存档不规范、过程无记录等问题，急需改善提高。

为适应公司加快推进"两个一流"建设对文件流转工作提出的新要求，实现"管理有序、决策有据、安全保密、归档及时"的目标，进一步规范散件办理工作，推进标准化建设和信息化应用，对加强散件管理通知如下：

一、明确定义分类，控制散件数量

1. 定义

散件是指在公文系统正式发文、公司收文、签报和值班文电之外，各部门、各分部（单位）及其他来源直接呈报公司领导的各类文件。

2. 分类

从散件的性质看，分呈批类散件和阅知类散件：需要领导批示的请示、报告、通知、函件、电话记录等属于呈批类散件；需要领导知晓的通报、信息、会议纪要、参考资料等属于阅知类散件。

从散件的来源看，分部门散件和其他散件：部门散件是来自总部各部门、各分部的散件；其他散件是来自公司各单位、系统外单位（人员）的散件，以及公司领导之间的散件。

3. 严格控制散件数量

各部门（分部）及领导秘书应严格把关，按照《国家电网公司签报管理办法》（办文档〔2005〕84 号）和《关于印发进一步加强签报管理的意见的通知》（办文档〔2009〕27 号），凡是应纳入正式签报的重要事项和重要情况，一律执行签报，不得以散件代替正式签报。

对于同类事项，在不影响工作实效的前提下，有关部门（单位）要集中汇总上报，避免反复报送。

二、规范办理流程，严格保密规定

1. 各部门散件（呈批类）

公司各部门（分部）呈送的需要领导批示的散件，参照签报方式进行简化办理（流程图见附件 1，散件呈报单格式见附件 2）。

散件流转须纳入协同办公系统的"散件管理模块"。散件不需经过办公厅核稿、编号等流程，由起草部门负责核稿、编号。散件的正文、附件可以由起草部门自行选择是否上传入散件管理模块，为便于后续管理和跟踪，建议上传。

部门送领导审阅的发言稿、主持词、工作报告、接待方案等明显需要反复讨论修改、多次呈报的文字材料，可以仅发起首次散件呈报流程，后续修订、完善材料可经部门负责人签字后直接呈报领导（不需再次打印散件呈报单、走电子流程等），待整件工作办理完毕统一归档。

2. 其他散件（呈批类）

各单位或其他来源呈送的需要领导批示的散件，或者领导秘书为所服务的领导直接起草散件，呈公司主要领导或其他领导批阅，参照值班收文方式进行办理（流程图见附件 3，散件处理单格式见附件 4）。

3. 阅知类散件

阅知类散件仍按现行方式纸质运转，不需录入协同办公系统。对于领导作出批示的个别阅知类散件，领导秘书应登录协同办公系统"散件管理模块"，参照"2.其他散件"方式流转办理。

4. 散件不"横传"

领导批示内容涉及公司其他领导时，一般不在领导秘书间直接流转（简称横传），应退回来文部门（单位），由其进行纸质件和电子件的同步流转。因事项紧急确需横传的，领导秘书应及时通知有关部门（单位）人员，做好沟通协调，确保文件纸质件和电子信息的同步高效流转。

5. 严格涉密散件管理

涉密散件流转要符合公司有关保密规定。涉密散件和有特殊要求的散件流转仅在协同办公系统中登记有关信息，不进行电子流转。应打印部门散件呈报单或其他散件处理单，连同来文原件单独纸质运转。

三、强化流转时限管理

1. 需要领导批示的呈批类散件、阅知类散件，领导秘书一般应在收到当日呈报，急件随收随报。因故无法当面呈报领导的，应以电话（短信）方式将摘要报告领导。

2. 领导批示后，领导秘书一般应于当日将批阅的文件纸质件和电子信息反馈来文部门（单位），非工作日应及时以电话（短信）等方式传达领导批示。重要文件应在第一时间向来文部门（单位）传达领导批示，并在半个工作日内反馈文件纸质件和电子信息。

四、建设信息化系统

办公厅负责组织在协同办公系统中开发"散件管理模块"，所有散件流转纳入信息化管理。

五、定期开展通报

办公厅定期对散件流转办理情况进行统计分析，定期通报公司各部门、各分部、各单位散件数量情况等。

附件：1. 各部门(分部)散件办理流程图

2. 散件呈报单模板（部门和分部使用）

3. 其他散件办理流程图

4. 其他散件处理单模板（领导秘书使用）

国家电网公司办公厅

2012 年 11 月 27 日

（总部各部门、各分部）

附件1

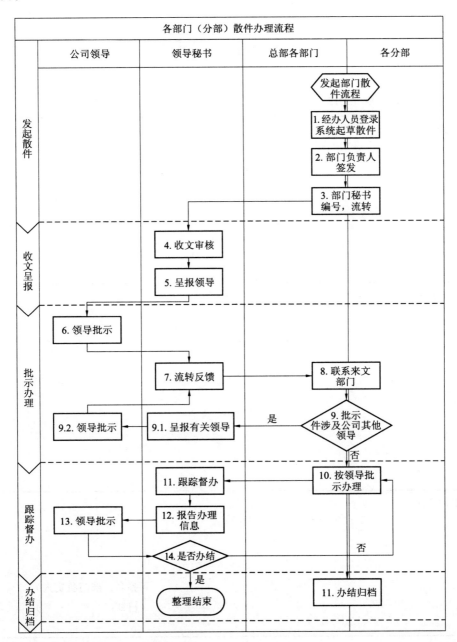

附件 2

××部散件呈报单

编号：××部呈报〔2012〕××号 　　　　　　　　　　日期

事由：

关于××××等问题的请示

领导批示

部门意见

（签名：部门负责人）

（日期：　　　　　）

经办人： 　　　　　　　　　　　　　　　电话：

附件 3

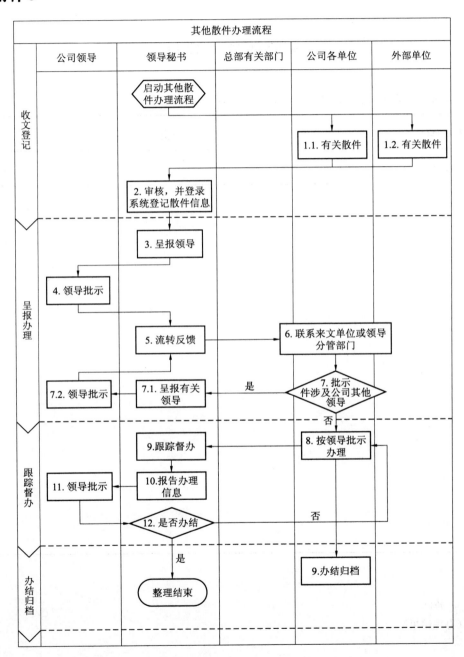

附件 4

其他散件处理单

收文编号：呈报×总〔2012〕××号　　　　　　　　日期

来文单位　　　　　　　　　　　　　　　　　文号

文件标题

领导批示

备注
（办理结果）

后　记

历经数月紧锣密鼓的修订、校核工作,《国家电网公司公文处理107 个常见问题解答(第二版)》终于与大家见面了。2012 年是公司公文工作的变革之年,《党政机关公文处理工作条例》(中办发〔2012〕14 号)的颁布实施,"一流三化"(创一流,集团化、标准化、信息化)办公室建设工作的深入推进,对做好公文工作提出了新的更高的要求。公司系统广大公文工作者在日常工作十分繁重的情况下,要抓紧学习公文处理的各项新规定,确保公文质量稳中有升、持续改进,殊为不易。"工欲善其事,必先利其器",这次我们加快完成本书的修订再版工作,就是为了及时向大家提供一把公文工作的"利器",希望它能成为各单位宣贯公文新规则、提升公文工作质量的好帮手。

此次在认真听取广大读者意见、建议的基础上,我们严格按照《国家电网公司公文处理办法》(国家电网办〔2012〕1000 号)的各项新规定以及"一流三化"建设工作对公文处理工作提出的新要求,对《国家电网公司公文处理 107 个常见问题解答》进行了全面修订。《国家电网公司公文处理 107 个常见问题解答(第二版)》内容更加丰富严谨,"国家电网公司特色"更加鲜明生动,对公文实务具有更强的指导性和可操作性。本书既可作为新公文处理办法的宣贯手册,也可作为公司公文工作的应知应会手册,更是广大办文人员随用随翻的操作指南。

此次修订工作,得到了公司办公厅领导的高度重视和亲切关怀,西北分部、安徽公司、四川公司等单位和公司系统的有关公文工作专家给予了大力支持,在此,一并致以诚挚的谢意!

　　限于水平，修订版肯定还有很多不足之处，欢迎大家在使用过程中，及时向我们提出改进意见和建议，以待再版时进一步完善。本书编写中参考了大量公文专业书籍，限于篇幅不再一一列出书目和作者，在此谨表谢意。

本书编委会

2013 年 1 月 10 日